花开的声音

Hua Kai De Shengyin

中国科大的那些人那些事

中国科学技术大学党委宣传部 编

第 3 版

中国科学技术大学出版社

图书在版编目(CIP)数据

花开的声音:中国科大的那些人那些事/中国科学技术大学党委宣传部编.—3版.—合肥:中国科学技术大学出版社,2013.9

ISBN 978-7-312-03327-8

Ⅰ.花… Ⅱ.中… Ⅲ.中国科学技术大学-校史 Ⅳ.G649.285.41

中国版本图书馆CIP数据核字(2013)第220085号

出版 中国科学技术大学出版社

安徽省合肥市金寨路96号,邮编:230026

http://press.ustc.edu.cn

印刷 中国科学技术大学印刷厂

发行 中国科学技术大学出版社

经销 全国新华书店

开本 710mm×1000mm 1/16

印张 14.5

字数 188千

版次 2008年9月第1版 2013年9月第3版

印次 2013年9月第3次印刷

印数 6001—9000册

定价 29.00元

这本书里，没有宏大的叙事结构，没有表情严肃的历史钩沉，也没有繁冗的文献堆砌，有的只是历史的细节和故事的情节，甚至是无从考证的逸闻趣事。不过，正是这些历史的碎片，具体而微地折射出一所大学的发展历程，让我们在不经意间触摸到她跳动的脉搏，感受到她生活的气息。

花开，是有声音的，只不过人们很难感受得到而已。就让我们透过中国科大的那些人那些事，去侧耳倾听那花开的声音吧。

目　　录

花开的声音——中国科大的那些人那些事

历程

第一

1956年，党中央发出“向科学进军”的号召，制定出《1956～1967年科学技术发展远景规划》。《规划》明确提出：“科学院与高等学校应该重视高级科学干部的培养工作，并不断为各产业部门输送新的高级科学干部。”“尤其在力量缺乏、急需发展的学科，如果研究所高级科学干部都同时负责高等学校的教学任务，就可以解决这方面的研究和教学的矛盾。”

1958年5月17日，毛泽东主席在八大二次会议上提出：“我们也要搞人造卫星。”聂荣臻副总理责成中国科学院和国防部五院等组织有关专家拟定卫星规划。6月，中国科学院召开“大跃进”动员大会，科学家们积极主张研制人造卫星。7月，中国科学院向聂副总理报告，提出苦战三年，实现我国第一颗卫星上天。

1957年10月至1958年1月，中国科学院主要领导成员参加中国科学技术代表团访问苏联。访问中，代表团参观了新建的西伯利亚科学分院及同时建立的新西伯利亚大学，受到很大启发。该大学依托科学分院各研究所的师资和实验设备，培养研究所的后备人才。访苏归来，中国科学院领导和部分科学家正式倡议，改变我国教育的传统模式，把教育和科研密切结合起来，由中国科学院创办一所新型的理工科大学。

卫星技术是尖端技术之一。如果掌握了它，可以使我国的科学技术实现新的跨越。然而，要把卫星做出来也很不容易。1981年3月12日，张劲夫在中国科大首届“郭沫若奖学金”颁奖大会上作报告，谈及科大的创办时说：“当时，科学家们说，分配来科学院的人，有的合乎我们需要，有的就不合乎我们需要，我们能不能自己办个大学，选拔最优秀的学生，适合搞科研的青年。1958年4月份时开始酝酿。郭老说：‘科学家要办大学，我赞成。’他不仅赞成，并很积极，老人家要兼任校长。”

1958年4月，中国科学院党组书记张劲夫在中央科学小组会议上向聂荣臻副总理汇报了中国科学院拟办一所大学之事。聂副总理表示可以考虑，并让中宣部于光远同志将此事向中宣部汇报。

4月15日，中宣部于光远经程今吾转交陆定一部长一封信："据张劲夫同志谈，郭老提议中国科学院办大学。理由是：中国科学院拥有强大的科学力量和实验设备，只有研究人员到学校兼职这一条，才能完全把这方面的潜力发挥出来。同时，目前科学院青年科学干部的补充也存在着问题，各研究所不能很好地挑选自己所需要的大学毕业生。这个问题，张劲夫同志在中央科学小组会议上向聂荣臻同志汇报过，聂荣臻同志希望我们部里研究一下，他觉得这个问题值得考虑。我的意见：这样的学校可以办。办这样的学校确有许多好处。"

4月16日，程今吾给陆定一部长写信："我觉得这个建议很好。要办就在城里找一幢房子很快地办起来，全部招走读生，暑假后就开学。"

4月24日，教育部部长杨秀峰给程今吾转报陆定一部长的函："今吾同志报陆部长：中国科学院办大学事，我们同意光远和今吾同志的意见。科学院同北大协作问题，可以由光远同志召集科学院、教育部和北大共同谈一下。科学院建立大学的整个安排也可以召集我们共同考虑一下。此复。"

4月底、5月初，中国科学院与教育部共同商议，新建大学实行教育部与中科院双重领导，教育部派副部长黄松龄参加大学的筹建工作。

1958年5月9日，经郭沫若等院领导研究后，中国科学院党组给聂副总理、中宣部、康生写报告："提议由科学院试办一所新型的大学。"

5月20日，聂荣臻副总理向周恩来总理汇报中国科学院拟办一所大学，周总理当即表示很赞成。5月21日，聂副总理写报告给中共中央书记处："中国科学院拟办一大学，我认为是可行的。昨与恩来同志面谈时，他也很赞成。校址科学院曾建议用原华北行政委员会旧址，我与彭真同志谈过请市委予以调整。请中央同意批准，以便立即着手筹备暑假招生。"

1958年6月2日，邓小平同志主持召开中央书记处会议，批准了中国科学院党组的报告。邓小平的批示是："书记处会议批准这个报告，决定成立这个大学。校址另议。"紧接着，刘少奇、周恩来、陈云同志都审核同意了书记处的决定。6月5日，聂荣臻副总理批示："张劲夫同志即办。"

6月8日，郭沫若主持召开第一次筹备委员会会议，决定学校定名为"中国科学技术大学"。同时成立大学筹备委员会，由郭沫若（全国人大副委员长、全国政协副主席、中国科学院院长）任主任委员；委员：黄松龄（教育部副部长）、竺可祯（中国科学院副院长）、吴有训（中国科学院副院长）、杜润生（中国科学院副秘书长）、郁文（中国科学院副秘书长）、严济慈（中国科学院技术科学部主任）、赵守攻（国务院专家局副局长）、钱学森（中国科学院力学研究所所长）、于光远（中宣部处长、中国科学院哲学社会科学部委员）。

6月18日，《人民日报》、《光明日报》、《中国青年报》登载中国科学技术大学1958年招生简章。

因为筹备时间紧，招生工作迫在眉睫。中国科学院党组给中央宣传部写了报告，报请中央通知各省市主管部门从当年的考生中为中国科大优先录取一批政治表现好、学习成绩优秀的考生入学。各省市在接到中央通知后，认真贯彻执行，很快为中国科大优先录取了1600多名新生，其中党团员占84%。

6月20日，张劲夫副院长主持召开筹备工作会议，研究教师问题，钱学森、马大猷、华寿俊、武汝扬、贝时璋等十余人参加会议。

7月28日，中国科学院副秘书长杜润生、郁文主持会议，决定任命各系主任：

01 原子核物理和原子核工程系主任赵忠尧（中科院原子能研究所副所长）

02 技术物理系主任施汝为（中科院物理研究所所长）

03 化学物理系主任郭永怀（中科院力学研究所副所长）

04 物理热工系主任吴仲华（中科院动力研究室研究员）

05 无线电电子学系主任顾德欢（中科院电子研究所所长）

06 自动化系主任武汝扬（中科院自动化研究所所长）

07 力学和力学工程系主任钱学森（中科院力学研究所所长）

08 放射化学和辐射化学系主任杨承宗（中科院原子能研究所研究员）

09 地球化学和稀有元素系主任侯德封（中科院地质研究所所长）

10 高分子化学和高分子物理系主任华寿俊（中科院化学研究所副所长）

11 应用数学和计算技术系主任华罗庚（中科院数学研究所所长）

12 生物物理系主任贝时璋（中科院生物物理研究所所长）

13 地球物理系主任赵九章（中科院地球物理研究所所长）

会议决定成立物理、化学、数学和政治四个教学组。普通物理教学组组长由施汝为所长担任，化学教学组组长由柳大纲副所长担任，数学教学组由华罗庚所长担任。

8月4日，杜润生副秘书长主持召开第二次系主任会议，听取华罗庚、施汝为、华寿俊关于数学、物理、化学课程安排及任课教师安排问题。

8月13日，郁文副秘书长主持召开第三次系主任会议，进一步讨论教学计划与教学大纲的原则问题，并宣布第一学期任课教授：吴有训、严济慈、华罗庚等30余人。

8月23日，郁文副秘书长主持召开第四次系主任会议，进一步讨论教学计划和课程落实事宜。张劲夫副院长提出“苦战三年打下基础，奋战五年建设具有先进水平的大学。”

8月30日，郁文同志主持召开筹备处第二次行政会议，传达中国科学院关于中国科大体制问题的精神：根据中国科学院党组的指示，中国科大必须遵照中央教育会议决定，实行在党委领导下的校务委员会负责制。

9月15日，新生报到，办理注册手续，录取新生1634名。

1958年9月17日，郭沫若向周恩来总理汇报了他亲笔起草的“开学典礼致辞”内容，周恩来总理说：“可以，是施政方针了。”为了使学校继承和发扬抗大优良传统，郭沫若校长亲自动手写了校歌《永恒的东风》，郭老将写好的校歌送给周恩来总理审阅，周总理改了两个字，把“为共产主义建设作先锋”中的“建设”改为“事业”。

校歌经周总理审定后，郭老又请来中国音乐家协会主席、抗大校歌作曲者吕骥同志谱曲。郭老说：“我们的校歌得到他的作曲，这就使得我们的学校能够有声有色地继承着抗大的传统。”9月19日，开学前一天，郭老请来吕骥同志教同学们唱校歌，气氛非常热烈。

中国科大从筹办、登报招生到开学，只有几个月的时间，遇到的首要问题是校址没有着落。时任中共中央办公厅主任的杨尚昆同志决定，将原中央党校在玉泉路的二部让给中国科大当校址。只是这块校址在此之前已商定交给解放军工程兵设计院。时任中央军委秘书长的黄克诚同志得知此事后，立即表示支持，下令已进驻的工程兵设计院搬家。

张劲夫向郭老汇报后，他很高兴，约张劲夫一同去拜访工程兵设计院。院长唐凯少将已在门口迎接。一见面，这位唐将军快人快语，主动先开了口："郭老来的意思，我完全明白，保证在一周内搬家，绝不会耽误开学。"

张劲夫介绍说，中国科大第一期招了1600多人，住不下。"正好隔壁是解放军政治学院，我找了副院长莫文骅同志，借了两栋楼做宿舍，借用大礼堂举行了开学典礼。就这样，科技大学从酝酿到招生开学，只有四个月，就办成了。"

学校正式开学之前，聂荣臻副总理亲自到学校察看教室、实验室、运动场和宿舍，与学生亲切交谈，勉励他们继承抗大的优良传统，创立艰苦朴素的好校风。

1958年9月24日，国务院全体会议第80次会议通过任命郭沫若为中国科学技术大学校长的决议；1958年10月22日，中宣部任命郭沫若为中国科学技术大学校长，任命郁文同志兼任中国科学技术大学党委书记。

9月20日开学典礼后，郭老随同学们到学生食堂，和同学们在一个饭桌上吃饭。晚上，学校举办开学典礼文娱晚会，郭老兴致勃勃走上舞台，即席朗诵了他的诗词。这一天，从早晨到深夜，郭老不顾疲劳，一直和同学们在一起。

1959年4月15日至25日，建校7个月后，中国科大召开首次党代会，大会代表共82人，其中学生代表12人，比例达到15%，另外，各支部支委和各行政部门党员干部90多人列席了大会。郭沫若校长致开幕词，党委书记郁文作工作报告。

中共中国科大第一届委员会委员及候补委员名单：委员：王卓、郁文、田夫、晋曾毅、张新铭、肖佛先、李萍实、姜清海、郭沫若、张栋、李友林、罗有生、杨敬仁、王榆、杨晓华；候补委员：何曼秋、周可实、胡导环、刘宏、谷军、杨佑。

1959年，中国科大成为国家教育部门根据中央决定指定的16所重点学校之一，排行第四，成为这批重点高校中最年轻的一所。

1965年2月，《中国科学技术大学学报》创刊，郭沫若校长亲自题写刊名并撰写长篇发刊词，寄语学报能保持“三严”(严密、严格、严肃)态度、培养“三敢”(敢想、敢说、敢做)独创精神。学校组成了以华罗庚为主编、严济慈和钱志道为副主编，吴文俊、赵九章、钱临照、郭永怀等45人为编委的“超一流”编辑委员会。

1966年“文化大革命”席卷全国，全国高校正常秩序受到严重破坏，中国科大也难逃此劫。1968年3月，经北京市革命委员会批准，中国科大革命委员会成立。同年8月，解放军驻京“毛泽东思想宣传队”200余人、首都工人“毛泽东思想宣传队”150人进驻科大，领导学校“斗、批、改”运动。

1969年11月，中共中央下发《关于高等学校下放问题的通知》，中国科大被指定“战备疏散”到安徽省安庆市。1969年12月，中国科大开始迁入安徽，近千名师生被安置在安庆市委党校的一栋三层小楼里，拥挤不堪，食宿等基本生活无法维持。

1970年1月，经中国科学院和安徽省革委会商定，学校搬迁到合肥市，在原合肥师范学院校址办学。1970年10月基本完成搬迁，总计组织货运装车70余次，运货量865吨，装运仪器、器材、图书、档案等35 000箱；迁出家属470多户，组织职工、学生、家属客运20多批，约6 000人次，用火车皮510多节，搬迁费达77万元。

中国科大在北京时，教师队伍的主体是中国科学院的研究员。南迁合肥时，他们中的大多数没有随科大南迁，有些老师由于长辈和家属在北京也不能南迁，还有些老师因不适应南方气候也没有跟随到合肥。所以，学校迁入合肥时，师资力量损失极大，流失教师约50%以上，实验仪器、固定资产损失2/3，校舍面积不到6万平方米。正教授寥寥无几，讲师也很少。1972年，全校讲师以上职称的人数不足百人。到1977年底，中国科大正教授8人，副教授10人，讲师126人。

1970年，中国科大南迁合肥时，文件档案资料受到严重损坏，许多珍贵资料散失，1958～1977年学校文书档案组卷共1160卷，其中永久569卷、长期498卷、短期93卷。至1986年又组卷732卷，其中永久317卷、长期142卷、短期273卷，照片322张，领导及名人题字20多轴。

中国科大一直到1970年10月，才基本上完成了搬迁。一下子从首都的大院落到了安徽的小院，这所全国重点大学面临着“崩溃”的边缘。但科大人的精神没有垮掉，而是在寂寞的角落里开始了再一次艰难的创业。不仅自己动手烧砖盖楼，新建宿舍楼和化学楼等教学科研用房，还在十分艰苦的条件下开始恢复教学科研工作。

1971 年 4 月，学校举办半导体专业试点班，招收 30 名有两年以上实践经验、初中文化程度、年龄 25 岁左右的工人学员来校学习，迈开了恢复教学的步伐。1972 年，中国科大开始招收工农兵学员。

1971 年，学校重建数理化基础教研室。老师自己充当搬运工、装卸工和修理工，众多的仪器和大型设备全靠双手搬运、安装和修复。没有地方，就把厕所扒了，改造成实验室搞研究；房间太小，就把楼道隔出小室，把仪器搬进去，做起实验来。这种动人的景象，在化学楼、教一楼、112 楼随处可见。

1974 年上半年，学校举办了一次科研成果展，各院系参展成果达到 100 多项。到 1976 年，学校恢复、开展的科学研究已有近 400 项。在 1978 年召开的全国科学大会上，中国科大共有 15 项成果获得大会奖励。

1973 年至 1975 年，在“四人帮”横行的“文革”后期，校党委书记刘达等，顶住压力，决定举办“回炉班”，从 64、65 级科大毕业生中召回 300 多名学生，充实学校的师资队伍。由于 64、65 级的学生只上了一两年的课，就遇到了“文革”，基础知识十分薄弱。他们在第一期“回炉班”重点学习数理化，学校配备最好的教师给他们上课，钱临照院士亲自教授物理。“回炉班”学生经过两年左右的培训，即补充进教师队伍中，为后来中国科大形成以年轻人才为主体的师资队伍奠定了基础。“回炉班”的实施，使科大在很长一个时期内师资队伍比全国高校的平均年龄年轻3～5岁。

1975年9月，中国科大代中国科学院起草《关于中国科学技术大学几个问题的请示报告》（即《代拟稿》），以便向国务院领导报告中国科大对培养科学技术人才的思考和举措。《代拟稿》明确提出采取“自愿报名、上级审核、文化考察、择优录取”的办法招收应届高中毕业生。这表明中国科大希望通过高考录取新生制度的整体构思在这个时候已经出炉。虽然因紧接着到来的“反击右倾翻案风”而推迟，但在1977年的时候，全国高考终于恢复。《代拟稿》在当时的高等教育界产生了很大影响，它为粉碎“四人帮”后中国科大在科教战线率先“拨乱反正”奠定了思想基础。

1975年9月，时任国务院副总理的邓小平主持国务院工作，他在听取中国科学院负责人关于科技工作汇报时强调说：“科学院要把科技大学办好，选数理化好的高中毕业生入学，不照顾干部子弟。这样做要是犯错误，我首先检讨。这不是复旧！一点外语知识、数理化知识也没有，还攀什么高峰？”

1977年8月5日至13日，中国科学院在北京召开第一次中国科技大学工作会议，会后提交了《关于中国科学技术大学几个问题的报告》，提出继续采取“全院办校，所系结合”的办学方针，将中国科大办成教学、科研两个中心，加强基础课教学，主要招收应届高中毕业生，在北京设立中国科大研究生院等七条战略举措。邓小平等中央领导随即批示同意。此后，学校得到快速恢复和发展。

8月18日，新华社以《一定要办好中国科学技术大学》为题，报道了中国科学院召开中国科大工作会议的消息。8月19日的《人民日报》在头版显著位置刊登了这则消息，并配发评论称：“在教育要大上的形势下，中国科技大学先迈出了一大步。”

1977 年 9 月 30 日，中国科大隆重集会，热烈庆祝党中央、国务院批准《关于中国科学技术大学的几个问题的报告》，中国科学院和郭沫若、严济慈、华罗庚等发来贺电，安徽省第一书记万里、中科院副院长李昌等参加大会并讲话，全校上下一片欢腾。

1977 年 10 月 20 日，江西冶金学院教师倪霖写信向时任国务院副总理、中国社科院院长方毅推荐江西赣州八中高二学生宁铂，希望能得到有关部门不拘一格的培养，使其成为科技事业的栋梁之材。11 月 3 日，方毅在该信上批示：“请科技大学去了解一下。如属实，应破格收入大学学习。”经中国科大考核，13 岁的宁铂被破格录取，成为新中国成立以来大学录取年龄最小的学生。

1978 年 3 月 8 日，经中国科学院和教育部批准，中国科大少年班诞生了。首期少年班 21 人，平均年龄 14 岁，年龄最小的仅 11 岁，汪惠迪任班主任。少年班针对早慧青少年的特点，实行破格选拔、创新培养，取得了丰硕成果，受到广泛赞誉。李政道先生曾专门为少年班题词：“人才代出，创作当少年；桃李天下，教育数科大。”邓小平 1984 年 8 月会见丁肇中时也高度评价说：“少年班很见成效，也是破格提拔。”

21 位少年大学生经半年预科学习，和 67 位 1978 年秋季招收的少年大学生合并编成一个班，88 名少年班学生开始接受中国教育史上前所未有的超常教育实践。

1977 年 10 月初，中共中央、国务院批准中国科大在北京成立研究生院。1978 年 3 月，中国科大研究生院（北京）正式成立。这是中国第一个，也是迄今唯一由国务院批准成立的研究生院。由此，中国科大在全国高校率先建立起本科—硕士—博士的完整培养体系。

1978年4月，其时兼任副校长的两位中国科学院领导李昌、严济慈，率19位局长和科学家专程到合肥，实地调研了一个星期，解决中国科大办学条件，推动所系结合。

1980年7月23日至31日，中国科学院在北京召开第二次中国科技大学工作会议，着重研究如何发挥中国科学院和中国科大在科学技术研究、人才培养方面的优势，并为进一步办好在合肥的校本部和在北京的研究生院做出决定，使中国科大的发展进入一个新的时期。

中国科学院第二次中国科大工作会议提出《中国科学院关于进一步办好中国科技大学的几点意见》，对培养目标、系科专业、教学科研、全院办校、研究生培养等做出新的调整。

1981年11月，中国科大被国务院批准为首批博士和硕士学位授予单位，其中博士点11个，硕士点24个。1983年，国家在人民大会堂为首批获得博士学位的18名博士举行学位授予仪式，他们中有7名是中国科大培养的。1986年，中国科大在合肥校本部设立了研究生院。

70年代末80年代初，中国科大眼光向外，派出一大批教师出国培训、学习、合作研究，使他们的科研能力有了快速提升，回校后可以开展前沿的研究，与国际水平接轨，提高了教学和科研的水平。他们中的绝大部分都学成回校，在各自的教学岗位上贡献着自己的一份力量。

1981年5月，钱临照副校长参加学部委员大会回校后，高兴地说："中国科学技术大学的名字被写入中国科学院院章了。全院117个单位只有我校在院章中正式提到。"

1983年底，国家决定在“七五”期间重点投资建设一批大学。当时的全国人大常委会副委员长兼中国科大校长严济慈抱病上书邓小平，建议增列中国科大为重点建设大学。仅过6天，12月14日，一直关注中国科大发展的邓小平即批示：“据我了解，科技大学办得较好，年轻人才较多，应予扶持。”此后，中国科大被列入“七五”期间国家重点建设的高校。

1983年12月28日，邓小平同志接见杨振宁先生，当谈到计算机科学时，杨振宁说：“国外认为，搞软件15至18岁时较有利。”邓小平同志当即说：“科大少年班可以搞。”经过多次讨论和调研，次年，少年班开设了计算机软件专业。

1984年3月，国家计委、教育部报请国务院批准，将中国科大、北京大学、清华大学、复旦大学、西安交大、上海交大、北京医学院、北京农业大学、北京师范大学和中国人民大学10所高校列为国家重点建设项目，其中，中国科大等7所高校被列为国家级重点投资项目。

1984年11月20日下午，合肥国家同步辐射实验室奠基典礼举行，全国人大常委会副委员长、中国科大名誉校长严济慈和中共中央书记处书记胡启立为奠基石培土。此前，10月，聂荣臻元帅发来贺信称：“这是中国科技大学建设史上的一件大事，并将对合肥科研教育基地的建设和我国科学技术、工农业发展起着重要作用。”

1985年9月26日，我校85级教改试点班（俗称“零零班”）成立。该班旨在将少年班因材施教、不分学科的办学经验在本科生中展开，不断探索人才培育新途径。学校为此专门制定了教学计划，配备了较强的导师和班主任，并与少年班混合编班，共同教学。

1986年8月，在美国南加州大学进修学习的中国科大校友成立了中国科大校友会第一个海外分会——中国科学技术大学校友会USC分会。在南加州大学进修学习的中国科大教师和青年学生共有24人，他们推选罗逾然老师为分会会长。

1986年11月，学校下发162号文件，决定成立中国科学技术大学研究生院(合肥)。文件提出，1977年以来，合肥校本部的研究生教育蓬勃发展，目前有权授予博士学位的学科有19个，有权授予硕士学位的学科有36个，在校生已达1224人。为了加强对研究生教育工作的领导管理，决定设立中国科学技术大学研究生院(合肥)，由管惟炎兼任研究生院院长，史济怀任副院长。

1986年11月15日，校长办公室发布中国科技大学校友会公告：经中国科学院党组织决定，同意我校成立“中国科技大学校友会”。凡是我校历届毕业生、肄业生、进修生，应聘的兼职教授、访问教授、名誉教授、名誉博士以及其他在科大工作过的同志，都可以成为本会会员。当时，已有4个国家的校友和国内25个省、市、自治区的校友建立了通讯联系，有14个省成立了校友分会。根据广大校友和在校教职员工的意向，邀请了中国科大名誉校长严济慈出任名誉会长，首任党委书记郁文出任会长，校友郭庶英(郭沫若之女)、陈昊苏(陈毅元帅之子)、明庭华、王炽昌、顾远程以及部分分会具有代表性的校友出任副会长。

1986年，中国科大共接待来自30多个国家的137批外宾，共284人次，其中美国来宾最多。在众多来访中，有第三世界科学院院长萨拉姆教授和1986年诺贝尔化学奖获得者李远哲教授，他们分别受聘为中国科大名誉博士和名誉教授；日本东海大学植村恒义教授、京都大学健古勤教授来访，并受聘为客座教授；著名华裔学者、中国科大名誉教授任之恭、袁家骝以及美国几所著名高等学府和实验室的部分学者、国际穆斯堡尔委员会主席等。

为了沟通广大师生员工和校领导的对话渠道，听取群众意见，校长办公室1987年1号公告宣布设立校长接待日，从1987年2月23日开始，每星期一由校长或常务副校长亲自接待来访师生员工。党委办公室也发了公告，从1987年3月23日开始接待师生员工来访。

1987年1月12日，中共中央委员、中国科学院副院长周光召，受中共中央和国务院委托，宣布中共中央和国务院改组中国科大领导班子的决定。滕藤教授担任校长兼研究生院院长；国家教委副主任彭珮云兼任党委书记；刘吉担任党委副书记。

1987年12月18日至19日，中国科大召开第一次研究生工作会议。据统计，学校招收的硕士研究生已从1978年的76名发展到1987年的298名，博士研究生由1981年的4名发展到1987年的47名。从1985年起开始接受委托培养和代培研究生，三年来，共接收60多个单位委托培养的128名硕士生，1名博士生和约450名代培研究生。1985年起还招收研究生班200余人。当时在校研究生1349名，全校42个专业中有36个获得硕士学位授予权，19个学科专业获得博士学位授予权，6个学科专业获准设博士后流动站。

1988年2月7日，中国科大北京校友会成立。在北京玉泉路19号科大研究生院礼堂，2000多名校友济济一堂。聂荣臻元帅为北京校友会题词："三十年来，桃李天下，科技路上，贡献殊大，继续革新，图强奋发，再接再厉，强吾中华。"严济慈、郁文、李昌等到会祝贺并讲话。

1988年12月29日，学校召开班主任工作会议，总结工作，交流经验，表彰先进，这是中国科大南迁以来第一次较大规模的班主任工作会议。会上表彰了16名优秀班主任。

1989年，学校成立“超常教育研究室”，辛厚文副校长任教研室主任，朱滨、肖臣国、朱源任副主任。

1989年4月7日，聂荣臻元帅曾致函学校党委，并附两份有关中国科大成立时的档案材料（党中央、国务院批准中国科学院创办科技大学的决定）。6月30日，聂帅再次致信学校。信中说，科技大是素有声望的学府……我们是社会主义的大学，培养出来的学生理应有社会主义的坚定正确的政治方向。科技大成立已经31年了，为我国社会主义建设培养了大批德才兼备的合格人才，是深受社会欢迎的。希望全校师生团结一致，再接再厉，重振科大革命精神，恢复科大优良传统，总结过去，思考未来，把科技大切实办成社会主义先进的高等科技学府。

1990年，经国务院批准，同意将中国科大火灾科学研究实验室建成国家重点实验室，国务院总理李鹏为实验室题名。10月12日，中国科大举行火灾科学国家重点实验室奠基仪式，该实验室是我国唯一以火灾科学为主要研究方向，培养火灾方面的高水平科技人才，同时进行国内外学术交流与合作的国家重点实验室。

1991年5月29日，中共中国科学技术大学第六次代表大会隆重召开，距1971年5月召开的第五次代表大会整整间隔了20年。

1991年江泽民总书记视察中国科大国家同步辐射实验室，并为该实验室题名：“国家同步辐射实验室”。

1992年4月10日，谷超豪校长率领中国科大代表团访问朝鲜理科大学，并赠送一台大功率钕玻璃激光装置——长虹。谷校长在赠送仪式上说："长虹跨大海，激光凝深情，科技多潜力，拼搏为人民。"金日成主席授予谷超豪校长、中国科大强激光物理实验室主任吴鸿兴二级友谊勋章和证书。

1994 年 3 月 17 日，中国科大成立高等教育研究所，研究所下设物理教育研究室、数学教育研究室、力学教育研究室、普通物理教学研究室、超常教育研究室和"教育与现代化编辑室"。

1994 年 9 月 16 日至 19 日，由 22 位教育界、科技界的专家学者组成的中国科学院中国科大"211 工程"规划部门预审专家组对中国科大"211 工程"规划进行了专家评审。专家组组长由复旦大学校长、中科院院士杨福家担任。

1994 年 9 月 20 日，校庆之日，恰逢中秋佳节，"中国科学技术大学建校 36 周年庆祝大会"在激昂的校歌声中隆重举行，校长汤洪高宣布，中国科学院组织的对中国科大"211 工程"规划的预审已经通过。

1994 年 9 月 17 日，中国科大和中国科学院合肥分院就全面加强院校合作达成协议，双方正式成立了中国科技大学高等研究院(合肥)，中科院常务副院长路甬祥参加揭牌仪式。该研究院由双方共同领导，下设双方合作共建的研究中心、实验室(所)等研究机构。

90 年代，钱学森多次写信给学校有关人员，建议成立材料设计专业。在钱老的亲切关注下，1995 年，一个新的专业——材料强度和设计专业在科大力学系建立并开始正式招生。

1995 年 3 月，国家教委批准中国科大正式成立研究生院，中国科学技术大学研究生院挂牌仪式于 4 月在中国科大研究生教育工作会议期间举行。

1995 年 9 月 18 日，学校举行公开招聘教务处副处长答辩会，6 名应聘者参加了答辩。这是学校首次公开招聘机关处级领导干部。

1995 年 10 月，美国《科学》周刊根据美国情报研究所提供的中国科学家在国际科学期刊上发表论文的情况及被引用的次数，评出了中国 13 所最杰出的大学，依次为北京大学、南京大学、中国科学技术大学、复旦大学、清华大学、兰州大学、南开大学、山东大学、武汉大学、吉林大学、上海医科大学、浙江大学、北京医科大学。

1998 年 3 月 15 日，朱清时副校长在参加全国九届人大二次会议时，请党和国家领导人在中国科大 40 周年校庆首日封上签名。中共中央政治局常委江泽民、李鹏、朱镕基、李瑞环、胡锦涛、李岚清分别在首日封上签名。

1998 年 6 月 19 日，中国科学院副秘书长王景川代表中国科学院来校宣读任免决定，朱清时任中国科大校长，学校领导体制由试行校长负责制转为实行党委领导下的校长负责制。

1999 年 7 月 25 日，中国科学院、教育部、安徽省人民政府签署重点共建中国科大协议，决定共同支持中国科大在 21 世纪初建成世界知名的高水平大学。中国科大成为第一所采用共建方式正式启动创建世界知名高水平大学的高校。

1999 年 12 月 18 日，原合肥经济技术学院整建制并入中国科大。

2000 年 12 月，中共中央宣传部将中国科大网络思想政治工作列为全国重大宣传典型，新华社、《人民日报》、中央电视台、中央人民广播电台、《光明日报》、《经济日报》、《中国青年报》、《中国教育报》等13家媒体对此进行了全方位的深入采访和报道。

2001年4月6日，安徽省政府会议专题研究落实中国科大建设与发展中需要安徽省和合肥市及有关部门支持解决的问题。会议明确，中国科大一次性出资5000万元，合肥市政府负责完成中国科大对东区北门外约43亩(2.87公顷)土地的征用和拆迁安置工作；支持中国科大改建金寨路地下通道，在东西区之间建设连接通道，并将东西区之间土地划作中国科大的规划控制用地；落实支持中国科大建设的1000万元专款；会议还就中国科大后勤社会化改革中的用地问题、省建一公司和光明纸箱厂长期占用中国科大土地问题、校园建设费用的减免优惠政策，以及学科建设、引进人才、医疗保险、水电增容、校园周边环境及交通管理、成果转化与产业化工作等问题提出解决思路和实施意见。会议决定，省政府成立以张平常务副省长为组长的领导小组，加强安徽省对重点共建我校工作的领导，负责研究制定安徽省支持中国科大高水平大学建设的政策和措施，以及有关工作的协调和落实。

2003年11月30日，中国科学院"全院办校，所系结合"座谈会在中国科大召开，就新形势下贯彻"全院办校，所系结合"办学方针的新途径、新模式、新内涵进行了深入探讨。白春礼副院长作了重要讲话，表示中国科学院将一如既往地大力支持中国科大的一流研究型大学建设和长远发展。

2004年5月19日下午，由校党委书记郭传杰点击，中国科大新闻网正式开通。

2004年10月12日，中国科学院在北京召开第四次中国科大发展工作会议。全国人大常委会副委员长、中科院院长路甬祥，教育部部长周济，安徽省省长王金山出席会议，并代表院、部、省三方签署协议，继续重点共建中国科大。中国科大成为第一所通过签署共建协议启动实施“985 工程”二期建设的高校。

2004 年，东校区原北门外黄山路地块建设项目和“科大花园”建设项目先后破土动工，学校“十一五”园区建设全面启动。

至 2005 年 5 月，学校已先后与中国科学院数学与系统科学院、上海生命科学院等所属近百家国家级研究所签署了全面合作协议，共建全国最大科教联盟，开创一流研究型大学建设新模式。

2007 年 5 月 14 日至 15 日，中国科学院“全院办校，所系结合”工作会议在中国科大隆重召开。全国人大常委会副委员长、中国科学院院长路甬祥正式宣布，中国科学院将从科技产业收益中捐资 1 亿元人民币，设立“中国科学院科大教育基金”，支持中国科大的教学和人才培养工作。这是学校建校以来收到的最大的单笔捐助。

2009 年 1 月 12 日，中国科学技术大学和合肥物质科学研究所联合成立了核科学技术学院，为国家核事业培养高端技术和管理人才。学院设置核安全与环境保护、核医学物理、核技术及应用等四个专业，围绕国家重大战略需求，依托两家院校现有的大科学装置和实验室，在先进裂变核能、核聚变与新能源、核材料等六大学科领域进行研究。学院成立当年招收 100 名本科生。

2009 年 2 月 26 日，《安徽省人民政府关于支持中国科学技术大学建设世界一流研究型大学的若干意见》正式发布。文件指出，安徽省将把中国科大的发展纳入到全省国民经济和社会发展“十二五”总体规划中，把支持中国科大建设世界一流研究型大学列为安徽省经济社会发展的重要目标之一。在“985 工程”三期建设中，安徽省人民政府将给予中国科大 4 亿元的资金及配套政策支持，同时将对学校的人才专项资金资助额度由过去的每年 200 万元提升到每年 1000 万元。

2009 年 3 月 11 日，《中国科学院、教育部、安徽省人民政府关于持续重点共建中国科学技术大学的协议》在北京签署，决定在 1999 年、2004 年两次签订三方协议、重点共建中国科学技术大学的基础上，在 2009 年至 2013 年持续重点共建中国科大，努力将中国科大办成世界一流研究型大学。中国科学院院长白春礼、教育部部长周济、安徽省人民政府省长王三运分别代表中国科学院、教育部和安徽省人民政府签署了持续重点共建中国科大协议。

协议商定，在巩固以往重点共建成果的基础上，中国科学院、教育部和安徽省持续重点共建中国科大，支持中国科大瞄准世界科技前沿，服务国家发展战略，创造性地做好教学和科研工作，努力办成世界一流的研究型大学，培养造就更多更好的创新人才，为建设人力资源强国和创新型国家贡献更大力量。协议商定，除对学校的正常经费安排以外，在“985 工程”三期建设中，中国科学院、安徽省承诺，按照中央财政专项 1∶1 的比例分别给予中国科大经费投入，并确保经费明显增加(其中安徽省投入含各种政策配套投入)，同时中国科学院、教育部、安徽省进一步支持中国科大科技创新平台建设、高层次人才队伍建设、基础设施建设和改造。

2009 年 5 月 11 日下午，中国科大计算机科学与技术学院成立暨揭牌仪式举行。中科院计算技术研究所所长李国杰院士出任首任院长。建校之初，我校创办了我国高校中的第一个计算机专业。1982 年，学校成立了计算机科学技术系。为了适应信息科学技术的发展趋势，促进学校相关学科发展和人才培养工作，学校经研究决定，在原计算机科学技术系的基础上，成立了“计算机科学与技术学院”。

2009年7月，学校与苏州工业园在合肥签署协议，双方在苏州共建中国科大苏州科技园，推动科技成果转化和高新技术企业孵化。苏州科技园首期规划面积2万平方米，由中国科大苏州研究院出资成立科技园管理机构负责具体运作。作为中国科大高新技术在长三角地区的产业化窗口，中国科大苏州科技园两年之内力争成功孵化5至7家高新技术企业，吸引25家以上成长型高新技术企业入户，入园企业申报知识产权50项，吸引投资超过1亿元。

2009年7月9日上午，中国科大与中科院力学研究所、上海应用物理研究所、长春光机与物理研究所、上海生命科学研究院等研究所签署协议，商议共同培养“科技英才”。根据协议，中国科大将与5个中科院研究所共同创办物理、力学、生物、光学科技等5个“科技英才班”。此前，学校已与中科院数学与系统科学研究院共同创办了“华罗庚数学科技英才班”，与中科院金属研究所创办“材料科学科技英才班”。此后，又相继与中科院化学研究所、上海有机化学研究所创办“卢嘉锡化学科技英才班”，与国家天文台、紫金山天文台、上海天文台创办“卢嘉锡天文科技英才班”，与地质与地球物理研究所创办“赵九章现代地球和空间科技英才班”，与计算技术研究所、电子学研究所创办“计算机与信息科技英才班”。截至2013年5月，学校“英才班”已达11个。

英才班采取本硕博贯通、长周期培养和“两段式”培养新模式。本科生阶段在科大完成两年半的基础课学习，在科大和研究所完成一年专业基础课学习，在研究所完成半年实习；研究生阶段在科大和研究所完成半年基础课学习，在研究所从事三年半左右的科研工作。

2011年5月26日，中国科学技术大学数学科学学院揭牌成立。学院前身数学系是由著名数学家华罗庚先生于1958年亲自主持创办并任首任系主任，是首批国家理科人才培养基地和中科院博士生重点培养基地。新成立的数学科学学院在进一步保持基础数学学科优势的同时，将通过拓展交叉研究、加大高端人才和青年优秀人才引进力度等方式，大力发展应用数学等学科，推进对学校其他学科具有重要引领和辐射作用的学科群建设，进一步提升全校数学教学和学院人才培养质量，实现在校内具有引领辐射作用、在国内名列前茅、在国际数学界具有一定影响力的目标。

2011年9月，中国科学技术大学—加州大学伯克利分校联合纳米科学技术学院揭牌仪式在苏州举行。该学院当年招收了首届158名全日制研究生，设有纳米药物、纳米化学、纳米器件、纳米能源、纳米环境、纳米催化6个专业方向。

2011年9月28日，中国科大与中国科学院合肥物质科学研究院联合组建“合肥物质科学技术中心”并正式揭牌。中心是一个面向国家与区域各类创新单元、面向国内外用户群开放共享的物质科学中心、大科学装置实验平台和拔尖创新人才培养基地。合肥物质科学技术中心致力于建成世界级物质科学技术中心，聚合与培育一批拔尖创新人才，突破量子信息与先进核聚变能等领域的世界科学前沿，并在大气环境检测、太阳能光热综合利用和新材料研制等领域服务区域与国家发展需求，在语音和量子通信等领域培育并形成战略性新兴产业。

2012年7月28日上午，中国科学技术大学先进技术研究院开工仪式在合肥高新区举行。时任中共中央政治局委员、国务委员刘延东发来贺信，对项目开工表示祝贺。先进技术研究院位于合肥国家科技创新型试点市示范区内，由中科院、安徽省、合肥市与中国科大四方共同组建，功能定位为：高端应用人才引进和培养基地，先进技术成果转化基地，高技术产业孵化基地，战略性新兴产业高地，省院共建、市校合作的国家级协同创新平台。项目分三期建设，其中一期总建筑面积53.18万平方米，投资约30亿元，计划2013年9月建成投入使用。

2012年10月24日，合肥市人民政府与中国科学技术大学全面战略合作协议签字仪式暨中国科技大学先进技术研究院揭牌仪式在合肥市高新区举行。校长侯建国与合肥市市长张庆军代表双方签署了《合肥市人民政府、中国科学技术大学全面战略合作协议》。根据协议，双方共同建设先进技术研究院。按照“省院合作、市校共建”的原则，通过“四个对接”，即对接中国科学院各科研院所、中国科大海内外校友、国际优质科教资源、区域发展战略，促进科技与教育、基础研究与应用研究、科技研发与产业发展、成果转化与金融投资“四个融合”，建设具有国际影响的高层次人才聚集中心、高科技产业孵化中心和成果研发基地、转化基地。

协议明确，双方进一步共同推进合肥市创新型城市建设，提升区域原始创新能力和产业竞争力。双方将加强信息沟通，及时通报经济社会发展情况和重大发展战略，共同推进中国科大海内外校友来肥投资创业，共同开展招商引资引智活动。合肥市将积极支持中国科大整合区域优质科教资源，促进成果优先在合肥转移转化；中国科大将定期向合肥市提供最新科技成果、信息，发挥科研人才优势，积极支持和参与建设产学研联盟，共建博士后工作站，共同建设微电子、新材料、新能源、生物医药等战略性新兴产业研发机构，为企业发展提供科技支撑与服务，促进区域产业转型升级，加快创新型城市建设。此外，合肥市积极支持中国科大建设世界一流研究型大学，包括创新平台建设、高层次人才队伍建设、基础设施建设和周边环境整治等。

花开的声音——中国科大的那些人那些事——

理念

第二

1958年5月，中国科学院党组给聂荣臻同志的请示报告中就中国科大的办学原因、培养目标和培养方法作了明确的阐述："为了适应我国社会主义建设的新形势，充分发挥科学院现有科学家的潜力，加速培养世界新兴学科的科学干部，促进我国这些学科的发展，我们研究了苏联创办的物理工程学院的经验后，拟由科学院筹办一所新型的大学。……这所大学主要是培养世界科学发展中最新的尖端性学科的科学研究工作干部。培养干部的目标是忠实于工人阶级事业，既有坚实的理论基础，又能掌握最新的科学实验技术，并兼具两种以上的外语能力的又红又专的新型科学干部。在培养方针上，坚决贯彻理论联系实际的方针。入学后首先着重基础课的训练，特别是在数学、物理、化学、力学等方面打下较好的基础。为毕业前即在科学家指导下进行一定的理论基础和研究工作打下良好的基础。"

1958年9月20日，中国科学技术大学举行成立暨开学典礼大会，聂荣臻副总理在讲话中说："这种大学和研究机构结合在一起，选拔优秀的高中毕业生，给以比较严格的科学基本知识和技术操作的训练；在三、四年级时，让学生到相关的研究机构中参加实际工作，迅速掌握业务知识，加快培养的进度，以便在短时期内使我国最急需的、薄弱的、新型的科学部门迅速赶上先进国家水平。中国科学技术大学就是在这样的要求下筹办的。"

聂荣臻说："中国科学技术大学所培养出来的学生，首先应该是忠实于共产主义事业，艰苦奋斗，忘我劳动的、工人阶级的战士；还应该是既掌握坚实的科学技术理论，又能掌握技术操作方法的全面人才，要使科学与技术密切结合。除此之外，这个学校还要求同学们成为既能在实验室从事研究，又能在车间参加生产，既能劳心又能劳力的新型劳动者。"

首任校长郭沫若先生在开学典礼上以《继承抗大的优秀传统前进》为题发表讲话。他说："适应国家建设的需要，中国的科学技术事业必须不断地大跃进，而且要向这两个方向大跃进：一个是向高层突破，另一个是向全面铺开。向高层突破是要向未知的领域突进，揭破自然界的更深的秘密，掌握还在隐蔽着的物质和规律，找到钥匙来向自然界的最秘密的宝库中取宝。与全面铺开和普通的普及意义稍有不同，而是把新科学新技术的成果或者加以综合创造，投入生产，投入国防建设，以提高人们的物质生活和文化生活的水平，以保卫革命胜利的成果，以保卫祖国的安全。这样一纵一横的科学技术研究都是我们所说的'尖端'。"

郭沫若说："我们不仅要掌握尖端，还要创造尖端。我们不仅要攀登科学的高峰，还要不断创造科学的高峰，使高峰高到没有止境。"

郭沫若说："我们的大学是尖端科学加共产主义的大学，也就是又红又专、红透专深的大学。"

郭沫若说："学校的行政要采取在党委领导下的校务委员会负责制。这是极妥当的办法，既有集中，又有民主；既可以广泛地把众人的良好意见集中起来运用，又可以免掉一长制的各种流弊。校长、教职员和全体同学都必须服从这个制度，服从党的领导，谁也不能例外！"

郭沫若校长在开学典礼上提出"三纲"、"五化"，阐释和发挥党的教育方针。"三纲"是指：政治挂帅，党的坚强领导；勤工俭学、教学、研究和生产劳动相结合；抓尖端技术，为国家经济建设服务。"五化"是指：思想马列化；生活工农化；组织军事化；教学集体化；技能多面化。他说："在社会主义事业中，党的坚强领导是占第一位的一条大纲。校长、教员和学生都必须服从党的指挥，谁也不能例外。假使我们忽视了思想教育，那我们就会犯错误，不仅学校办不出成果来，连已有的政治水平也可能降低，那是绝对不能允许的。”

中国人民大学校长吴玉章先生在中国科大首届开学典礼讲话中说：“近几年来，我就有这样一个想法：科学院有很多专家，他们有专门的科学技术知识，如果有一个学校，招收工农干部及一些青年学生，为国家培养科学技术人才，这是多好的事情。现在果然实现了！并且由科学院郭院长担任校长。没有疑问，这个学校一定能办好。”

1959年首次党代会上，郁文在工作报告中指出，要加强党的领导和政治挂帅。党委对学校工作的领导主要是：① 对教师学生进行了解研究，根据具体分析的结果，加强政治思想工作；② 研究制订教学计划，决定课程，选拔教师，改进教学；③ 正确解决师生之间的矛盾，加强师生之间的团结，做到教师教好，学生学好；④ 为了加强党的领导，必须建立与健全党委领导下的校务委员会负责制，校务委员会是党委领导下的学校行政最高权力机关。校党委和校务委员会要明确分工，否则将会削弱党的领导作用。在各系科试行建立党总支领导下的系务委员会负责制。学校事权逐步下放到系，加强各系的领导组织，使之成为有力的基层领导机构，以便根据具体情况深入贯彻党的方针政策和校党委的决议。

郁文在党代会工作报告中指出，要以提高教学为中心，加强生产劳动，建立科学研究工作，使教学、生产劳动、科学研究更好地结合起来。学校的主要工作是教学，学校的生产劳动和科学研究应该围绕教学工作进行，要服从提高教学质量的要求。既要重视生产劳动，又要重视课堂教学；既要实践，又要读书；既要加强专业课，又要加强基础理论课。应该把解决教学、生产劳动、科学研究工作三者之间的关系问题作为加强党对教育工作的领导，进一步实现教育革命的重要环节，只有在工作中使三者有机地结合成统一的整体，才能更有效地提高教学质量，才能多快好省地为国家培养出大批德智体全面发展的科学技术人才。

1959年9月8日，在新学年开学典礼大会上，郭沫若校长发表题为《勤奋学习，红专并进》的讲话。他说："搞尖端科学必须有深厚的基础。尖端科学的基础是什么呢？我认为可以分为思想基础、科学基础和语文基础。""首先要解决为谁服务的问题。我们不是为个人名利或为少数人的利益而服务，我们今天是要为人民服务，为祖国建设服务。我们要掌握科学技术并发展科学技术，用以促进生产，不断提高国民经济的水平，使全国人民能够获得日益幸福的物质生活和文化生活。""党交给我们的任务是要训练出大批尖端科学的人才。要搞好尖端科学，基础科学如数学、化学、物理、力学等是不能不重视的。这是尖端科学的科学基础。要把基础科学学好，将来进入专业学习才有一定的根底。"

郭沫若说："不红不专的懒汉是不能容许的；只专不红或只红不专的人，也是不能满足国家的需要。不红则专不能深，不专则红不能透，这是可以肯定的。我们必须又红又专，红透专深，两条腿走路，走到底。我们必须是两条腿走路——红专并进。既要积极参加劳动锻炼，学习马列主义，学习政策，也要认真学好功课，鼓励个人钻研，发扬个人的自觉性和首创精神，敢想、敢说、敢干。""总之，'勤奋学习、红专并进'是很好的办法，不仅在做学问上应该这样，就在做人上也应该这样。我们大家都用两条腿走路，迈步前进，不能做独脚龙。"

郭沫若说："我们的校风是好的，就是勤俭办学，艰苦朴素，红专并进，团结互助。同学们已经学习了一年，和学校的教职员一道把这种优良的校风初步树立起来了，我们要更进一步把它巩固下去。"

党委书记郁文在1959年9月8日新生大会上说："我国科学基础

比较薄弱，一些尖端性的学科还处于空白状态。因此我们必须急起直追，空白的补上，薄弱的加强。同时，科学院在1956年建立了不少的研究所，但干部不够，我们办这个学校主要是培养最新的科学技术干部。为什么办这个学校，就是因为要赶国际科学水平，补空白，壮大科学队伍。"

郁文说，与其他学校相比，中国科大"在总的方面如对学生的培养、要求是相同的，但也有不同的地方。首先是其他大学虽然有一些尖端性的科系，但我校主要是为国家培养目前世界上最新的尖端性的科学技术干部，目前学校所设的14个系都是根据现代新型科学的发展和国家建设的需要而设置的。其次是一般理工学校的学生毕业后主要是分配到工农产业部门从事工程技术工作或到高等学校担任教师，而我校的学生毕业后，将来主要是分配到科学研究机关搞科学研究工作。再其次是根据新型科学发展的需要，在课程设置上与一般大学也有所不同。我校各系的理论基础课程一般地比工科大学分量为重；基础工学方面的课程也较理科大学为重。总的目标是培养具有共产主义觉悟的，既有坚实的科学理论基础，又能掌握最新的科学实验技术和一定的工程设计能力的德、智、体全面发展的新型的科学技术干部。"

中国科大在成立的初期，就已经提出科大人不仅要为"两弹一星"服务，也要争取获得诺贝尔奖。1958年，教务长张新铭在全校师生大会上说："如果将来你们当中有一个人能获得诺贝尔奖，或者出现一个像爱因斯坦式的人物，这就是我们科大培养的成果。"

杨承宗在回忆郭沫若校长时说，中国科大创办期间，院内科学家兴致很高，在玉泉路多次讨论科大的方针、任务。当时12个系的主任互相熟悉，都有同样的语言，每会必到。郭校长更是如此。大家发言踊跃，讨论决定：不采取苏联的"物理工程学院"的方针，而是从基础课做起。在讨论基础课时，大家赞成除了数理化外，科大学生一律要读外语。当时国内大学都未这样做，郭老十分赞同，决定将外语列入基础课。数、理、化、外、电、图六门从此成为中国科大基础课的柱石。

教学与科研相结合是中国科大的传统办学特色之一。1960 年 2 月，学校召开科学研究工作报告会，提出科学研究不但不会影响基础课教学质量的提高，恰恰相反，通过科学研究的实践，能够提高教学质量，更重要的是，可使理论与实践更加紧密地结合起来。中国科学院党组在年初也指示中国科大，从一、二年级开始，就要开展科学研究工作。

1977 年 9 月 5 日，中国科学院第一次中国科大工作会议后，向国务院呈送了《关于中国科学技术大学几个问题的报告》([77]科发人字第 726 号)。报告提出“扎根安徽，办好中国科技大学”，认为“搬迁安徽后，虽然远离北京，办学条件也有一定困难，但是从备战的角度考虑，从大专院校和科研机构的布局考虑，科技大学要扎根安徽，努力办好。科学院在合肥已经有了两个研究所，拟在最近几年内，再筹建几个。这样，既有科技大学，又有若干研究所，便可在合肥形成一个自然科学学术中心。”

《报告》提出，“在科大创办和成长的过程中，采取‘全院办校，所系结合’的方针是必要的，搬迁安徽后，仍需继续贯彻这一方针。系主任仍需我院有关研究所的负责人兼任，有计划地组织研究所的一些科研人员到校帮助教学，高年级学生到北京有关研究所进行专业实习和毕业实践等。从长远考虑，拟在科大现在的基础上，采取各种措施包括派人出国留学、进修、参观、考察等，以提高现有老师队伍的水平。同时，拟在今后几年内在国内选调和从回国人员中招收一批具有副教授以上水平的教学、科研人员，以充实师资队伍。此外，为了解决当前师资缺少和其他方面工作人员不足的困难，科技大学拟选调一批‘文化大革命'以前入学的，基础课学了两三年，德才较好的大学生，回校进修。还要帮助他们克服一些物质条件方面的困难。努力争取在几年时间内，把科技大学建成一个能够独立进行高水平的教学和科研的重点大学。"

《报告》说："为了充分发挥科技大学和北京各研究所在培养研究人才方面的作用，我院拟委托中国科学技术大学在北京设立研究生院。暂定规模一千人。由科技大学负责基础课教学，有关研究所教授专业理论和指导专业研究工作。"

1980年10月21日，中国科学院在第二次中国科大工作会议后发出《中国科学院关于进一步办好中国科技大学的几点意见》([80]科发办字1579号)，文件提出，中国科大今后的培养目标：拥护中国共产党领导，坚持社会主义道路，献身于我国现代化建设，具有高水平而能刻苦耐劳的科学技术研究人才。合肥校本部近期以培养学士为主，逐步增加培养硕士、博士生的比重；设在北京的研究生院主要任务是，与各所密切配合培养硕士、博士，并逐步转到以培养博士为主。中国科大培养的学生，理论基础和实验技术要宽厚、扎实，具有进行科研工作的较强能力，熟练地掌握至少一门外语。

《意见》认为，"'全院办校，所系结合'是办好科技大学、促进我院科研事业发展的正确方针，在新的形势下要继续贯彻，并且要不断有所发展、创新。全院都要把办好科技大学、培养高水平的科学技术研究人才作为一项重要的战略任务。从院到各学部、各专门委员会、各职能局、各分院、各研究所，都要把办好科技大学列入议事日程。各学部和各所要与科大相应的系、科紧密结合。各所要根据科技大学教学、科研工作的需要，有计划地组织科学家到合肥校本部和研究生院讲学，包括讲课、指导研究生、举办专题讲座、介绍科学发展的最新趋势等，有些可担任兼职教授，对教学、科研负起更多的责任。科研人员到学校讲学的费用，由学校编制预算计划，列入学校教育事业费预算中开支。为有利于学校教师和各所科研人员的提高，学校要有计划地派教师到研究所进修、讲学、进行科学研究，研究所可有计划地派科研人员到学校进修或合作进行科学研究。今后逐步将到高等学校讲学的情况作为考核科技人员的内容之一。学部或专业委员会及其所归口管理的研究所，要根据科研工作的实际需要，与学校通力合作办好某一系、专业、研究室，或合作承担科研项目，教师与研究所的科研人员还可合作培养研究生、编写教材等。科技大学要与各所密切合作，有计划地组织高年级学生到对口研究所，开展科学研究，做毕业论文。”

《意见》认为，中国科大的系科专业要在各学部和各研究所有代表性的科学家共同参与下，做一次认真的调整。“调整系科专业，一是要与国家的长远发展规划和我院的长远规划密切结合，注意加强和填补目前我国某些薄弱或空白学科；二是改变把系和专业分得过窄过细的做法，注意把专业面搞得宽一些，把基础打好；三是在加强、调整和充实现有理科各系或专业的同时，逐步增加一些目前国家急需的新兴技术方面的系科、专业，如信息科学、材料科学等。”

《意见》认为：“学校的教学和科学研究都要为培养高水平的科学技术研究人才服务。两个方面相辅相成，都不能忽视。要改变目前按基础课、专业课和科学研究划分教师并加以固定化的做法。除重大科研任务需要有部分专职科研人员外，大力提倡教师既能教基础课，又能教专业课，同时又从事科学研究。提职、考核，既要注意鼓励教师搞好科学研究，多出科研成果，更要注意鼓励教师努力搞好教学。教学是教师的基本职责，要千方百计地把高水平的教师安排到教学第一线。在教学过程中，要因材施教，敢于拔尖，鼓励冒尖；也要热情帮助一般学生，使大多数学生的学习成绩能保持良好。在使学生打好基础、开阔眼界的同时，着重培养他们的科学研究能力。要大力加强实验课教学，同时，适当增加一些人文科学方面的教学内容。对高年级学生，要多设一些选修课，开设一些专题讨论班。要允许少数确有较高水平的在校大学生报考研究生甚至申请更高的学位。”

《意见》认为：“学校的科研工作必须遵循我院‘侧重基础，侧重提高，为国民经济和国防建设服务’的方针和高等学校既要成为教育中心又要成为科研中心的要求，在继续加强基础研究的同时，也要紧密结合‘四化’建设的需要，积极开展一些力所能及的应用研究。要对现有的科研项目进行适当调整，以便发挥优势，集中力量，保证重点，使科研工作具有自己的特色。在统一规划下，对少数有苗头的研究方向，允许教师自由结合承担某些研究任务。”

1981 年 9 月，严济慈校长专门安排时间，听取学生暑期访问小组的工作汇报，在谈到中国科大应保持自己的特色时，严老说，“所系结合”不能丢，不执行所系结合的方针，科大可以不办了，或者交给教育部。每个系里都应由专人负责，建立固定的联系渠道，主动与所里联系。科大毕业生输出方面面向科学院，所里是欢迎、愿意培养科大学生的。

1981 年 10 月 23 日，中国科学院秘书长、中国科大第一任党委书记郁文在全校大会上说：“科大原来的办校方针是‘全院办校，所系结合’，现在科大迁到合肥，还能不能全院办校，有人产生怀疑。我说要统一一下思想，这个总方针不能变，但在新形势下，有新内容，新做法。我主张关键学科在科大设立一些系和专业，对口科学院研究所，互相配合。不能等着人家来办校，学校要主动地有计划地组织，把全院现有的科技力量，著名的科学家，最新的研究成果，组织到我们学校的教学中来。”

郁文说，国外许多名牌大学都不在首都，中国科大在合肥照样能办好。中国科学院只有科大这个“独生子”，因此很重视。在经费、设备上给科大很照顾。没有“全院办校，所系结合”的方针，科大是办不起来的，取得这样大的成绩也就很难想象。科大和全院都要注意发挥科学院办学的特点、优势，请哪些人讲学，有些什么问题，都可以告诉院里，不要认为到所里是求人，话不好讲。对学校的要求，院里也要当作任务来确定，主动争取配合。

1981 年 10 月，中国科学院主席团执行主席、中国科大校长严济慈来合肥指导工作。27 日，他与少年班同学座谈时说：“少年班办了四年了，教育部也没有一个‘少年班司’，这些经验要靠我们自己摸索。应当总结总结，你们的课中学老师教不了，大学原来的方法也不行，应当创出一条路子来。”

1981 年，郁文说，科大创办时，培养目标就是明确的，要热爱社会主义，有坚实的理论基础，熟练的实验技能，精通两门外语，为国家培养又红又专的高质量的科技干部。我们当时就没有提“培养劳动者”。

1981 年 10 月，第一副校长李昌在与学生交流时强调，首先要明确把科大办成世界第一流的大学，现在科大的条件虽然还艰苦，但我们对办好科大是很有信心的。科大应该不同于北大、清华，应该有自己的特色，即使它培养偏技术的人，也不同于其他学校，应该是具有“研究工程师”的性质。

李昌说，知识量并不是与创造力成正比的。一些专业知识若干年后会过时，青年学生要打好基础知识，要学会搞科研的方法，要培养创新探索精神。高年级同学要从事些科研工作，培养创造力。

1981 年 4 月，被选派到洛杉矶南加州大学的化学系教师孔繁敖给学校写信，谈到在美国作访问学者所遇到的语言难关：“英语水平不高在这里很吃亏：人家讲，你听不真切，听不完全，而自己讲又表达不完全、不到家；听报告的收益不大，讨论时插不上嘴，辩论时有理说不出，人家还认为你水平低。有些好心人慢慢说、反复说来照顾你，但我们是中国人，跟人家说话不能靠人家‘照顾’。鉴于此况，我建议学校在今后长时期内，大力加强英语教育。这绝不是丧失民族尊严的问题，相反，倒是为了民族昌盛，提高中华民族在世界中的地位。”

孔繁敖在信中还盛赞美国学术研究的气氛：“那种简单地重复别人的工作是不值一提的。每个研究生、博士都有自己的想法乃至‘野心’，去探索自然的某些奥妙，所以表现在工作中创新精神强，富有独立见解而少墨守成规。”为此，他希望科大人能打破“依赖”、“跟随”的精神枷锁，做出高一级的科研成果，培育起中国科大的“新精神”，把学生教育成科研中的斗士而不是懦夫。

派往美国学管理科学的丁良正老师在给学校的信中说，在中国，很多人瞧不起应用科学，大学和研究所尤其突出。如果要讲管理，那被认为是没有什么高深理论的，即使用数学方法进行定量计算，也似乎只有用上了动态规划、非线性规划、网络流这类吓人的高深方法，才是真正的应用。否则应用统筹法就被认作是“狗皮膏药”。其实，在美国用得最多的，正是这种“狗皮膏药”。美国工商管理中，很多很多用的是连“狗皮膏药”都不如的东西。美国人告诉我，美国就是靠了这些东西才有今日的。美国的经济和技术的管理，在很大程度上是靠这些连“狗皮膏药”都不如的东西，而用高深的数学方法来管理反而不多。

1982年5月，清华大学校长、党委书记、中国科大第二任党委书记刘达来校访问，提出办好大学要注意四点：一是规模要适当，要办得精，规模不宜太大；二要有高水平的学者和“大师”，要千方百计物色和培养高水平的教师，放手让中青年教师到教学科研第一线挑重担；三要有一个好的领导班子，能坚决执行党的方针政策，有远见，有干劲，团结一致，相互支持，这是办好大学的决定性因素；四是要加强党的领导，尤其要做好学生思想政治工作。要克服党政不分的现象。

1983年7月9日，在78级学生毕业典礼上，校党委副书记、副校长马西林说："你们78级是历史的见证人，你们不仅是科大的学生，也是科大的主人。"马西林说："科大建立25年，培养了近万名毕业生，他们的口号是：'一生交给党安排'，'祖国的需要就是我的志愿'，这正是科大的好传统。"

1983年9月20日，国家经济体制改革委员会副主任童大林在中国科大25周年校庆座谈会上说："中国有三个地方有可能成为我们的科学城，一个是北京；一个是陕西武功，那里很早就是一个农业科学城；第三个就是合肥，没有别的原因，因为那里有一个中国科技大学。安徽的记者来访问时，我曾建议他们能否发动讨论：合肥有没有条件成为科学城？我的意思是说，你们应该把科技大学请出来，把她'拉下水'，出一个大题目给科大，请他们帮助，当合肥的大顾问。从一定的意义上来讲，科技大学有可能成为我们国家的国宝。"

1983年校庆25周年期间，中国科学院副院长叶笃正来中国科大检查指导工作，明确指出："科学院办科大的目的就是培养第一流的本科生和研究生。""教学和科研的位置不能颠倒。为了使教师具有科学前沿的知识，必须参加科研。我认为科大首先要抓学生、研究生和实验室。先把这些事办好，再办其他事。为此，科大必须把培养学生放在首位，正确处理好教学和科研的关系，努力提高教学质量，花大力气抓好实验室的建设。"

25周年校庆时，原副校长钱志道、原首任秘书长王卓说："不要只看到校园里到处堆的是建筑材料，显得有些零乱，这说明中国科大在发展中，在建设中。10 年、20 年之后，科大校园必是一幅美丽的图画。”中国科大和别的学校相比有什么特点？钱志道说：“没有框框，思想解放。”

1984 年 11 月 20 日，中国科大举行 1984 年度奖学金颁奖大会。管惟炎校长说，中国科大应办成安徽的又一座“黄山”，成为我们国家的骄傲，在国际上也要有相当的影响。

1985 年 9 月，中国科大成立了“零零班”，首届 30 名同学。在成立大会上，辛厚文副校长说，办班的目的是要让起点高的学生快节奏地打好宽厚的基础，并加强通才教育，遵循因材施教的教学原则，充分发挥学生的主观能动性。

8500 班课程设置具有很大的灵活性，该班开设了英语、数学、物理、计算机语言等基础课，其余的课程由同学自由到各系选择，满足同学对不同学科的兴趣。“零零班”有一个特设课程——科技讲座课，邀请专业上有造诣的专家讲课，剖析科学研究和发现的思路，介绍专业最新信息，感受科学研究的无尽魅力，形成浓厚的求知和探索的氛围。

1985 年 10 月 31 日，副校长辛厚文在总结少年班的办学经验时提出：应该建立具有中国特色的培养超常青少年的完整教育体系，让更多智力超常少年脱颖而出。主要应从四个方面做起：一是搞活学制；二是要建立及时发现、准确选拔人才的制度；三是要给学生“松绑”，充分调动学生积极性、主动性和创造性；四是既教书又育人。

1987 年 3 月 4 日，滕藤校长在全校学生干部会议上说，科大在不长的时间里，办成了一个出色的大学，这个成绩是怎么得来的？重要的一点是，办学指导思想正确。当年，郭沫若老校长给我们学校确定了一个正确的方向，他提倡抗大精神，要求我们勤奋学习、红专并进、理实交融。这是非常全面、非常概括的，语言也生动，作为校风或校训，是很适合的。

滕藤说，我们应该端正办学方向，形成一个优良的校风，这一点是很重要的。校风看起来很抽象，实际上长期形成的校风很重要，比一两门课老师教得好不好影响更大。我们科大要发扬什么样的校风？我琢磨来琢磨去，觉得还是郭老的提法好，叫“勤奋学习、红专并进、理实交融”。这个概括确切、全面，希望能成为我们学校的校风。我想，校风是应该形成传统的，不能来一个校长换一个提法。

1987年中国科大正在实施教育改革，辛厚文副校长较早地思考“科大的特色是什么”的问题。他说，科大更确切地说不能称之为理工科大学，而是科学技术大学，我们的立足点在科学研究上。现在，一些大学蜂拥搞技术研究，这是好事，但如果不注重基础科学研究，我们这么大的国家是要吃大亏的。中国科大为国家贡献的是未来的精英，过20年他们的效益才能看得到。

史济怀说，科大的教学是一大批老科学家奠定的基础，他们强调基础教学，当时的口号是“重、紧、深”，量重，功课紧，内容深。郭老提出“红专并进，理实交融”的校风。教师可以在教学大纲的规定下，充分发挥自己专业的特长向学生授课。研究生导师就像牧羊人一样，把羊带到青草地，然后让羊自己吃草，而不强迫羊吃哪块草和怎么吃。

1990年9月25日，校长谷超豪、党委书记汤洪高邀请部分在京校友召开座谈会。在听取了大家的发言后，郁文说：“谷校长有喜有忧，汤书记讲喜忧参半，我是只有喜没有忧。科大开办时，校园里一片荒草，学生打着赤脚，挑着行李，从火车站赶到科大，先拔草，再上课。当时只有两栋楼，把二商部的桌椅板凳搬来，没有设备从所里搬，没有教师从所里请，困难比现在大得多。但就是凭了一股劲，因为中央确定了向科技进军，需要培养科技干部。‘文革’后，科大南迁合肥，从依靠所里科学家到建立自己的教师队伍。我感到，科大到合肥之后，比在北京时办得更好。创办研究生院、少年班，也曾有人对我说三道四，但实践证明办得对，办得好。”

1991年6月20日下午，全国人大副委员长廖汉生视察中国科大，谷超豪校长汇报了中国科大的近况，当谷校长讲道“科大是一所小规模、高质量的学校”时，廖汉生问道：“有多少学生？”谷超豪说：“5000余名。”廖汉生说：“规模不算小嘛！”安徽省人大副主任郑锐说：“这是一所培养高技术人才的学校。”廖汉生副委员长点头称是。

1993年8月28日，在学校干部教师大会上，中国科学院周光召院长宣布了中国科大领导班子换届结果。在讲话中，他说：“我希望，在中国土地上，第一批获得诺贝尔奖金的是从科大培养出来的学生；我们希望中国最主要的高科技产业的创始人是科大毕业的学生；我们希望科大的学生能够在中国的科学、经济、社会发展各个方面，都能够生根、发芽、开花、结果，能够在各个方面取得重大的成绩。中国科学院希望你们把学生培养成为创造力很强，能够经受失败、奋斗，再失败、再奋斗，直到成功的有坚强毅力、不断追求的学生。”

1998年6月24日，中共中央总书记、国家主席江泽民为中国科大建校40周年题词“面向二十一世纪，建设一流大学，培育一流人才。”

1999年3月12日举行的教育部、中国科学院、安徽省政府就共同支持中国科大建设一流大学的会谈中，教育部部长陈至立说，科大是一所非常好的大学，虽然建校时间相对较短，办学规模也不太大，但层次较高，充满生机活力，是高校中的“精品”。

陈至立说，在科大师生员工的长期努力下，科大形成了良好的学风和办学环境，有“不怕死的上科大”之说。培养出来的优秀人才，如院士较多，近两年新评上院士的也很多，是办得很有特色，具有艰苦奋斗、严谨扎实作风的学校。无论是从学校现有的基础看，还是从全国教育发展的合理布局考虑，科大都在教育部建设一流大学的视野之内。

2000 年 3 月，在中国科学院召开的中国科大发展工作会议上，路甬祥院长说，科大的确是新中国建立以后，是科学院，也是国家办的一所比较成功的大学，时间虽然不长，但是现在它形成的特色、校风在学术界和教育界的声誉是国内外有目共睹的。三代领导人都对科大给予充分的肯定，比如小平同志在对科大的题词中就说过“这是一所办得较好的学校，应予扶持”，这样的题词在其他学校是罕见的；江主席对科大建校 40 周年的题词希望科大“办成一流大学、培养一流人才”，这样明确提出一流，在他对其他学校的题词中也是很少见的。

路甬祥说，科学院不仅把科大作为知识创新试点当中一个重点，而且也充分地认识到科大是中国面向 21 世纪建设若干所世界一流大学的一个重要部分，应当给予支持。

路甬祥说，科大能够在目前全国普遍追求规模的时候，追求质量、追求结构上的优化，这是非常可贵的，也说明我们科大领导班子的成熟，说明科大学术带头人对教育和研究规律的客观认识。

2000 年，朱清时校长说，一个学校是不是一流，最重要的标志实际上不是她发表多少篇论文，也不是她得了多少奖，最重要的是她的学生在社会上有多大的威望。比如我们大家一提谁是哈佛毕业的，就油然而生一种崇敬之情，大家知道哈佛毕业的学生一定不错。现在在国外，很多学生一说起是科大毕业的，也有这样的感觉。

中国科大与美国加州理工学院有很多方面类似：第一，加州理工学院首先是一个研究机构，做一流的科研项目。他们的喷气推动实验室，也就是钱学森工作过的实验室，是美国航空航天局的主要基地，美国导弹、火箭、卫星最初的基础研究都在那里。依靠这些科研机构来培养第一流人才，又使学院成为很好的教育机构。加州理工学院的学生创造力都很强，他们都是在研究机构中培养出来的；第二，加州理工学院的规模小。中国科大一直希望保持规模适中，这和加州理工学院是相似的；第三，加州理工学院坚持数学、热力学、牛顿力学、电磁学等最基础的课程。

校党委书记郭传杰在45周年校庆时撰文说，我们科大的校训“红专并进，理实交融”，认真品味起来，不仅语言简约，文词对称，且内涵深邃广博，入时合理，既含价值观，又有方法论。这八字校训至少有六层意蕴：

一是为人之基。培养的人才要“忠于祖国，忠于人民”，有正确的政治方向。这既是办学宗旨，又是对人才的起码要求。

二是做人之道。科大人“要揭破自然界更深秘密”，认知真理，就要同真理一样朴质无华，有高尚的道德情操。要严谨务实，正直诚信，要敢为人先，不迷权威，还要包容大度，宽厚待人。

三是为事之本。为国家、社会服务，要“把红旗插上科学高峰”，没有过硬的专业本领不行。因此要掌握现代科学理念和必要的知识体系，要有追求卓越、创新进取的能力和精神。

四是成事之规。既要讲理性，有理论素质，又要重实际，善于实践，这是成功一项事业的基本规律。作为研究型大学，既要给学生基本的、有恒久价值的思想、原则、理论，又要让学生掌握创造性解决问题的思路、技术和方法。所有这些，又是在理论与实践结合、教学与科研同行的创新过程中，由学生自主、自觉地去完成。

五是学术之精。当代科学技术，既有分野，更多交叉。要顺应科技发展之势，在院系设置、学科布局，以及在具体的教学、科研环节中，高度重视理科、工科结合，学术、技术衔通。

六是方术之美。从方法论上讲，对人要求德才“并进”，于事强调理实“交融”。选词精当，动静盎然。

总之，这短短两句八字，将为人、为师之要，治学、治教之道，尽含其中，寓意深广。

校长朱清时在45周年校庆时撰文说，科大的传统和精神可以用一句话来概括：“我创新，故我在”。科大依靠创新诞生、发展、壮大。如果不创新，在国内高校特别是重点高校中就没有立足之地，也没有科大的今天和明天。科大45年的办学历史，是一部不断创新的历史，创新贯穿了科大三次创业的全过程。

45周年校庆时，原党委书记余翔林说，尽管建校时间不长，但科大却以严谨求实的优良学风，广博精深的基础教育，科学民主的学术环境，开明开放的广阔胸怀，改革创新的进取精神凝聚了大批杰出的青年人才，使这所后起之秀的大学充满朝气，享誉中外。

2003年11月，中国科学院在学校召开“全院办学，所系结合”座谈会，白春礼副院长指出，在中科院“全院办校，所系结合”方针指引下，科大经过45年的发展，已经成为我国在国际上具有影响的为数不多的大学之一，成为中科院教育与科技有机结合的大型基地和科技机构实现教育功能的主要桥梁和纽带，是我院出成果、出人才的重要摇篮。因此，中国科大不仅是实施科教兴国、人才强国战略的方面军，而且在我院的整体架构中占有十分重要的地位。

在中国科学院第四次中国科大发展工作会议上，教育部部长周济认为，自1999年7月签署重点共建科大的协议以来，通过三方重点共建，中国科技大学的教育质量、学术水平和整体办学实力有了明显的提高，在学科建设、人才培养、科学研究、社会服务、队伍建设、校园基础设施建设和环境改造等方面，成效显著，尤其是学校坚持凝练学科方向、集中人力、财力，在重点领域有所突破，创造了国内外有影响的、标志性的创新成果。

在中国科学院第四次中国科大发展工作会议上，校长朱清时公布学校建设世界一流研究型大学的战略目标：到2018年建校60周年前后，建成质量优异、特色鲜明、规模适度、结构合理的世界高水平研究型大学，成为培养具有现代知识结构和持续创新能力的一流人才的摇篮，成为培育和造就具有世界影响的科学大师、一流科学家的园地，成为具有较强原始创新和技术创新能力并在若干领域达到国际先进水平的科研基地，成为具有良好学术声誉和一定国际影响的科学中心。

郭传杰在校庆50周年首次新闻发布会上说，中国科大能够高速发展，得益于始终坚持"全院办校，所系结合"的方针，坚持教育与科研、培养人才与科学研究相结合；得益于强调求精不求全、求质不求量，走精品大学之路，实施英才教育；得益于学校发展的每一个关键时期都与国家的重大战略需求密切联系。中国科大在长期的办学实践中沉淀了深厚的"科大精神"，这种文化的形成，一是源于中国科学院"唯实求真、协力创新"的院风；二是源于自身艰苦卓绝、自强不息的奋斗精神。

2006年2月，郭传杰接受《科学时报》记者采访时说，我们的远期目标是要建成世界一流研究型大学。这里有两个字是关键，一个是"流"字，反映水平的；一个是"型"字，体现类别。大学有多种类型，如研究型、教学型、研究教学型，等等。是否是研究型大学，主要看科研工作在学校中的比重、地位和作用。如果视知识的创新与传承同等重要，密切结合，且贯穿于研究生及本科教学等各项工作过程中，应属研究型。是否“一流”，与“型”没有必然关系。

郭传杰说，科大坚持两个办学方针，一个叫“全院办校，所系结合”，是建校之初就明确提出来的。另一个是“质量优异、特色鲜明、规模适度、结构合理”。这是中国科大建校时就有的办学思想，后来在实践中逐步总结、完善，凝练成了这十六个字，可以说是科大的“发展观”。两个方针，一个规定了中国科大要办成什么样的大学，一个表达了实现目标的独特路径。就是说，一个是目标，一个是战略。

2006 年 3 月，全国人大常委会副委员长、中国科学院院长路甬祥为中国科大 50 周年校庆题词：“我创新，故我在，科教报国五十年。”

校党委书记郭传杰在全校 2006 年本科教学会议上指出，人才培养是学校存在的依据，学生与高校发展是紧密关联的，既是学校的“客户”，也是学校的“产品”，学校的价值是通过培养出的学生质量来体现的，学校的品牌是与学生的切身利益息息相关的，我们应尽最大努力，创造一切条件，让考入科大的优秀学生享受最优质的资源和最好的教育；同时，教学工作与教师个人事业发展、个人的价值实现是紧密相关的，研究和教学不能成为“两张皮”，而是“皮”的两面。

2006 年 4 月，校长朱清时在全校本科教学会议上说，人才培养，特别是一流的本科教育是科大的传统特色与立校之本，也是我校在国内外赢得良好声誉的根本。

2006 年 4 月 5 日，国务委员陈至立来校视察时指出，中国科大在建校后的短时间内，就成为全国一流大学，建校 48 年来，学校得到了超常规发展，培养的学生活跃在国内科技、企业等各个领域，1963年以后毕业的学生当选“两院”院士的人数位居全国高校之首，这种现象在中国高等教育发展过程中是不多见的，也经历了时间和历史的考验，我为中国科大40多年来取得的成就感到骄傲，这也是中国高等教育发展的骄傲。

陈至立说，科大超常规发展的原因是多方面的，除了郭传杰书记提到的三点共识外(坚持“全院办校，所系结合”的方针；强调求精不求全、求质不求量，走精品大学之路，坚持精英教育；中国科大的诞生与发展的每一个关键时期都与国家的重大战略需求密切联系，面向国际科技前沿，加快学校发展)，科大的师生非常用功，学风扎实。学生到科大以后，都拼命地学习、拼命地求知。科大诞生这么多院士，不是偶然的，都是自己奋斗和创新出来的。为什么中国科大建校一开始就形成了奋发向上的学习氛围，而且从北京南迁到安徽后，尤其是在当前学术界存在某些浮躁情绪的环境下，这种优良传统仍然得到很好的继承和发扬，中国科大在这方面应该进行认真的总结。

朱清时说，中国科大就像安徽的黄山，它虽然没有泰山那样的威仪，也没有华山那么的险峻，但它有自己独特的秀美风光，中国科大就是要在中国高校诸多“名山”之中，形成自己独具魅力的教育和科研特色。

郭传杰说，中国科大1958年建校，次年就成为全国排名第四的重点大学；科大少年班办得最早，最成功，影响也最大；中国科大规模不大，但培养出的创新、创业人才的比例却最高；在同期毕业的学生中，科大当选“两院”院士数量最多；国家投入的不多，但原创性成果很多；科大发展的道路不平坦，但自强不息，愈挫愈勇，是全国公认的一流大学等等……这些都是“科大现象”的集中体现。他认为，“科大现象”的背后，折射出科大发展的文化底蕴，主要表现在：一是与国家需求相辉映、命运与共的爱国情怀；二是大胆创造、实事求是的办学理念；三是锐意进取、追求卓越的创新精神；四是勤奋刻苦、朴实无华的治学风格。

韩荣典说，中国科大在半个世纪的历程中，之所以能得到超常规的发展，最重要的原因就是遵循科学规律，不断拼搏进取，用自己所独有的眼光和智慧，在深刻认识、把握高等教育和科学技术发展规律的基础上，面向国家发展需求和国际教育、科技发展前沿，不断创新自己的办学思路和模式。自创办伊始，科大实行科学与技术相结合，教学与科研相结合，理论与实践相结合，十分重视培养学生宽厚扎实的理论基础、熟练的实验技能和创新意识，给当时的中国高等教育模式带来一系列新的变革，为我国现代高等教育的改革和发展，探索出新的道路，注入新的活力，并在许多方面积累了积极有益的经验。

2006 年，常务副校长侯建国在接受记者采访时说，世界上的一流大学，有的大，有的也不大，不能一味求大，虽然我们的办学条件还比较艰苦，但最重要的是要按照我们的发展定位，坚持适合自己的办学理念。“要在中国大学的光谱中，找到科大自己的特征链。”

在全国高校普遍扩招的情况下，中国科大连续五年不扩招显得有些“另类”。校长朱清时说：“每所大学都应有一个‘极限容量’，一个班 20～30 名学生，学生和老师间就会有很好的沟通和交流机会；如果是 40～50 人，就已经到了可以承受的极限；如果再多，上课就变成了‘报告会’，很多学生就会失去和老师交流、进入实验室实际操作等机会。”

“1860”，对于中国科大师生和钟情于科大的考生、家长来说，几乎人人可以脱口而出这个数字含义——那是多年稳定不变的中国科大本科招生名额。在全国高校大规模扩招的形势下，中国科大的这个数字被戏称为“恒数”。

2008 年 6 月 22 日，路甬祥在中国科学院“坚持科教结合，培育创新人才”50 周年报告会上说：“中国科大秉持中科院‘科学民主、爱国奉献’的光荣传统和‘唯实求真、协力创新’的优良院风，成功实践了教育与科研结合、理科与工科结合的高等教育模式，面向国际科技前沿，结合国家发展需求，在我国高等教育体系中走出了一条独具特色的办学之路，形成了培养学士、硕士、博士完整的教育体系，已经成为特色鲜明、国内一流、国际知名的研究型大学，受到党和国家几代领导集体的高度重视和充分肯定，受到社会各界的广泛好评。”

学校 50 周年校庆期间，中共中央总书记胡锦涛发来贺信，全文如下：

中国科学技术大学：

值此贵校建校 50 周年之际，谨向全体师生员工和海内外校友表示热烈的祝贺。

中国科学技术大学是新中国成立后创办的一所新型理工科大学。半个世纪以来，中国科学技术大学依托中国科学院，努力推进教学和科研工作的改革创新，为党和国家培养了一大批科技人才，取得了一系列具有世界先进水平的原创性科技成果，为推动我国科教事业发展和社会主义现代化建设做出了重要贡献。

提高自主创新能力，建设创新型国家，是国家发展战略的核心和提高综合国力的关键。为了实现这一目标任务，必须努力造就世界一流科学家和科技领军人才，注重培养一线的创新人才。希望中国科学技术大学坚持以邓小平理论和“三个代表”重要思想为指导，深入贯彻落实科学发展观，进一步增强使命感和责任感，瞄准世界科技前沿，服务国家发展战略，创造性地做好教学和科研工作，努力办成世界一流的研究型大学，培养造就更多更好的创新人才，为夺取全面建设小康社会新胜利、开创中国特色社会主义事业新局面贡献更大力量。

胡锦涛

2008年9月25日

2008年9月20日，中国科学技术大学50校庆日，时任中央政治局委员、国务委员刘延东发来贺信，贺信说："五十年来，学校与共和国同呼吸、共命运，始终秉承'红专并进、理实交融'的校风，大力弘扬'创新立校、科教报国'的办学理念，积极探索科教紧密结合的创新人才培养模式，走出了独具特色的精品大学发展之路，成为一所在国内外享有盛誉的知名高等学府，为国家富强、民族振兴和国家教育科学事业的发展做出了重要贡献，无愧于'科技英才之摇篮'的美誉。"

同年9月27日，刘延东来校视察，她说，50年的实践证明，中国科大的历史是一部爱国史、奋斗史和创业史。中国科大的历史见证了新中国科技和教育事业飞速发展的不平凡历程，中国科大没有辜负党和人民的厚爱和重托，无愧于"科技英才之摇篮"的美誉。

花开的声音——中国科大的那些人那些事

立言

第三

首任校长郭沫若在开学典礼上说："我们的学校是新建立起来的，前无所承，缺乏经验，这是我们的缺点，但也正是我们的优点。毛主席说过：'一张白纸，没有负担，好写最新最美的文字，好画最新最美的画图'。我们的学校如果可以说像一张白纸，就请把她办成为最新最美的学校吧！"

郭沫若说："本校值得夸耀的是，在1600名同学中，党团员占84%，同学们的政治品质和思想水平是有一定的高度的，但我们不能以此自满。我们希望全体同学都能成为党团员，随着年龄和思想的成长都成为党员，使我们的学校成为百分之百的党校。"

郭沫若说："毛主席说过：'搞科学的人应该懂点文学，搞文学的人应该懂点科学。'我们搞尖端科学技术的人尤其应该懂些文学艺术和各种体育活动。在红透专深的保障之下，同学们不妨同时成为诗人、画家、音乐家、戏剧演员、运动员或者其他。你看我们毛主席不是同时是诗人吗？新近去世的约里奥·居里教授，是我们原子能研究所钱三强所长的老师，他是原子核物理学的权威，而他又是提琴家，会打庭球。"

1958年除夕，郭沫若校长新年祝词中说："科学技术是最看重实事求是的，但也必须有大胆创造的共产主义风格，才能有多量的、高度的、新的发明发现。我希望同学们在实事求是的基础上大胆创造，在大胆创造的风格中实事求是。"

1958年的最后一天，学校举行元旦献礼大会，郭沫若校长到会讲话，并当场题诗三首：

一、凡事不怕难，临事亦须惧。不作浮夸家，两脚踏实地。

二、绳可锯木断，水可滴石穿。苦干兼巧干，坚持持久战。

三、路要两腿走，唱要有节奏。既要专能深，还要红能透。

首任党委书记郁文说，党的政治思想工作的重点应该是加强师生的团结，建立师生之间民主平等、互相尊重、互相学习、互相帮助、互相促进的新的师生关系。在教学相长的原则下，充分发挥教师在教学中的主导作用。

郁文说，力戒浮夸骄傲，提倡朴实谦逊的作风，树立革命干劲与科学精神相结合的革命风格。

1959 年 9 月，放射化学及辐射化学系主任杨承宗先生在欢迎新同学的致辞中说："化学工作的特点本来是在于探穷索奥，废物利用；但我们还要无中生有，巧夺天工。"

郭沫若在 1959 年 9 月 8 日新学年开学典礼上说："在这几年期间，全体同学都是学校的创建人，你们不仅在创建校园，而且在创建校风，将来还要创建学派。"

1959 年 9 月 25 日出版的第 35 期《中大校刊》上刊登了郭沫若校长的题词："勤奋学习，红专并进！"

杨承宗先生当年给 58 级学生上基础课，常把国际化学界前沿的科学知识，科学创新的思维方法传输给学生。他强调自己动手能力，独立思考问题能力。经常对同学们说："科学就是前沿，科学就是尖端，科学就是创新。"

张劲夫曾说："我们想问题，办事情，不能靠偶然吃饭，要靠必然吃饭，要相信科学，不能靠碰运气，要找出必然规律，按科学办事才靠得住。"

张劲夫说，搞科学研究要“安、钻、迷”，要安心，三心二意，五心不定是不行的；要肯钻研，而且要到入迷的程度。要有成就，没有这种精神是不行的。当然，也不能让你一天到晚迷进去，还要有个周期性和节奏，一张一弛，劳逸结合。爱因斯坦还拉拉小提琴嘛。

60年代，全国高等学校都在辩论“红专”问题，钱三强先生作为物理学家，是用“矢量论”来解释“红专”问题的，他说既要有一定的“方向”，也有一定的“量”，因为矢量本身从概念上来讲，它的量和方向是同时产生的。

陈毅元帅在中国科大作报告时也讲了“红专”问题。他举了一个飞行员的例子，如果一个飞行员很“专”，技术非常高，但是没有政治方向，那他飞到天上可能就跑了；另一个飞行员的政治方向非常坚定，很“红”，但驾驶技术非常差，那他飞上天去很可能就被人打下来了。这两个都不行，因此必须要“又红又专”。

1980年，华罗庚写过一首诗，其中有这样二句：“树老易空，人老易松，戒空戒松，从实以终”。

1981年，华罗庚率领一批科学家来中国科大讲学，他说：“讲学，讲学，先要学，然后再讲，讲了之后发现问题再学。”还吟咏了他1980年访美时作的一首诗：“三十年前归祖国，如今又作访美行。十年浩劫待恢复，为求借箸别燕京。愿化飞絮被天下，岂甘垂貂温一身。一息尚存仍学习，寸知片识献人民。”

1981年4月24日下午，华罗庚副校长在讲学结束后，专门给同学们讲了三个字“宽、专、漫”。他说：“宽，就是大学基础一定要打得宽一些，打得结实一些。当然，宽不是说念了多少多少书就宽了，如果那样的话，图书馆里书最多、集成电路里缩的内容不少，但那样不行，要宽而结实，也就是将来能用。专，就是宽了之后要选择专业方向。不要东打几榔头，西打几棒槌，今天学数论，明天搞偏微分方程。科大的同学应当要专到什么程度呢？我看应当专到在世界上差不多是第一流的水平。这是我的希望。漫，就是在专的附近来寻找课题，即以原来的为中心向外漫，这样才有可能有成果。我过去搞的是数论，而且专的是解析数论，搞了搞了发现这类问题到了一定程度很不容易上去，刚好有矩阵几何、代数等问题，我就'漫'过来了。现在我看到有些苗头，有的同学急于求成，自己还没有专，就想搞这搞那，跳来跳去，那样会一事无成的。"

1981年4月，严济慈校长在《科大校刊》上发表文章，谈读书、教书、写书、做研究，说："读书主要靠自己。有好的老师固然好，没有好的老师，一个人也能摸索出适合自己的读书方法，把书读好。"

严济慈说："听课要抓住重点，弄清基本概念，下课以后光靠死记硬背，应付考试不行，我主张多做习题。做习题可以加深理解，融会贯通，锻炼思考问题和解决问题的能力。"

严济慈说："到了某种时候，课程都不一定去听，自己能看书，又掌握了工具，包括文字的和实验的工具，就完全可以自学。一本书从头到尾循序看下去总可以看得懂。再进一步，你也可以不去多看书，因为世界上的书总是读不完的，一个人总不能当一个会走路的图书馆。这时就要学会查书，一旦要用的时候就可以去查。事实上，很多书只是备人查，而不值得供人读的。"

严济慈说："这种由听到看再到用的读书的发展过程，用形象的话来说，就是把书'越读越薄'的过程，因为一本书中真正有用的东西就只那些，你把它们掌握了，也就可以运用自如了。”

严济慈说：“教书首先要大胆，中青年教师尤其要注意这点。上了讲台，拘拘束束，吞吞吐吐，照本宣科，或者总是写黑板，那就非叫学生打盹不可。要像演员一样，不管是唱京戏，演话剧，上了台就要摆出‘老子天下第一’那个样子，要‘目中无人’，要用自己的话把书本上的东西讲出来，要发挥，要有声有色。这时，你才能手舞足蹈，眉飞色舞；同学们看你的脸色神情在变化，才能被吸引住。要做到这一点，诀窍就是讲课不要现准备、现讲。要做到需要准备才能讲的不要讲，不需要准备就能讲的才讲。要融会贯通，能从头讲到尾，也能从尾讲到头，能将一年之久的课程，也能把它在一个月内讲完，能详能简，能长能短。总之，必须真正掌握了自己所要讲的课程的全部内容。怎样才算真正掌握呢？要像杂技艺人玩耍手中的球，抛上接着，得心应手，可以随便怎么玩都行，这才算真正掌握了。”

严济慈说：“好的老师，虽曾写过讲义，著过书，讲课时也不会完全照着自己的书和讲义去讲。这是什么道理呢？比如一本小说，改变成一出戏，不过是三五幕，七八场。从第一幕末到第二幕初，中间跳过了许多事情，第二幕开始，几句一交代，观众就知道跳过了什么情节，用不着都搬到舞台上来嘛！搬到舞台上的总是最精彩的段落，最能感动人而又最需要艺术表演的场面。看戏的人觉得这戏好，当场就会鼓掌，不会在看戏时打瞌睡，第二天一觉醒来，才觉得昨天的戏真好。这和看小说不同。小说有时看看停停，停停看看，看了几遍之后，才觉得这部小说写得真好。所以著述类似于写小说，教书类似于演戏。”

严济慈说：“写书是教书的总结。写书与教书一样，首先要大胆。1923年，我大学还没毕业，就写了两本书，一本是《初中算术》，一本是《几何证题法》，商务印书馆多次再版，销路很广，影响很大。近三十年，我只在1927年教过一年书，凭什么能写教科书呢？就是靠大胆。”

严济慈说：“要写好书，应该写出自己的风格，就是要用自己的话去写，绝不能东抄西袭，剪剪贴贴。”

严济慈说：“怎样才称得上第一流的科学研究工作呢？首先，题目必须是在茫茫未知的科学领域里独树一帜的；其次是解决这个问题没有现成的方法，必须是独出心裁设想出来的；最后体现这个方法，用来解决问题的工具，即仪器或设备，必须是自己创造，而不是用钱可以从什么地方买来的。”

严济慈说：“做研究工作要与搞教学结合起来。我们现在需要搞好科研，更需要搞好教学。教学与科研两者是相辅相成的。一所大学应该成为以教学为主的教学与科研中心。教书的人必须同时做科研或曾经做过科研。搞科研的人应该教点书，多与青年人接触，可以帮助你多考虑一些问题。”

1981年10月29日，在离开合肥前，严济慈应《科大校刊》要求，为师生题词：“教书要深入浅出，学习要浅入深出。”

郁文说，现在科大的教师队伍不错，年纪轻，精力充沛，求知欲旺盛，中青年锻炼机会多。科大老师不应都是科大毕业的，各校有各校的长处，要互相交流，远缘杂交，不同特色的人在一起就很活跃。

郁文说：“年轻人的生活就要多种多样，不要培养小书呆子。”

学生记者采访钱临照，钱老说：“你们回去对同学们讲，不要总是想着一定要考个硕士或博士，将来去科学院、到北京、进上海。年轻人应该有志气，能吃苦耐劳，到边远地方去，到那些人少、科学落后的地方去。我们不去，谁去啊?!"

1981 年 12 月，数学系教授曾肯成在参观研究生论文展览后，有感而发："岁月蹉跎百事荒，重闻旧曲著文章。昔时曾折蟾宫桂，今日复穿百步杨。谁信数奇屈李广，怕随迟暮老冯唐。禹门纵使高千尺，放过蛟龙也不妨。"

1982 年 2 月，丁肇中教授来中国科大挑选研究生，他和四名同学进行了长时间的交谈，高兴地说："和这四位同学谈话之后，我感到他们很有前途，和美国麻省理工学院里最好的学生不相上下。"

丁肇中教授访问中国科大后，受到胡耀邦主席的会见，丁肇中对胡耀邦说："我这次去合肥科技大学一天，是我六次来华最高兴的一天。每次来，见到的多是官员和中年以上的科技人员。到了科大见的人非常年轻，智力也很好。我作了学术报告，同他们谈了话，挑了四个人。水平、物理思想、事业心绝不比美国麻省理工学院的差，英语也很好。这次去科大，发现科大的仪器不好，没有现代化仪器和计算机。我已打电报回去，有很多不用的仪器放在美国、西德，不久就可以运到科大。"

丁肇中教授还对有关接待人员说："杨振宁、李政道教授均先后去过合肥科技大学。回美国后都对我说，合肥科技大学办得不错，有创新精神，很有希望。我这次仅待了一天，得到的印象与他们相同。我已选定把合肥科大作为自己今后合作的对象，每年回来都要去那里一趟。所以我认为，办好一个大学不一定都在首都、大城市。也许由于科大远离北京，各方面干扰少，老师和学生都能专心学习和工作。"

严济慈与青年学生座谈时说："我以前教书时，开课有一个标准，如果一门课不需要准备就能讲，我就开；如果这门课需要做了准备以后才能讲而不是得心应手地能讲，我就不开。在医学上，不能用人做试验，学校也不能用同学来试验一门课该不该开或者这门课该不该由某位老师来教，否则要误人子弟。”

1983年少年班创办五周年时，李政道教授在美国哥伦比亚大学给少年班寄来亲笔贺词：“人才代出，创作当少年，桃李天下，教育数科大。”

1983年6月26日，数学系举行欢送78级毕业生大会，系副主任龚昇说，同学们今后要时刻对自己有一个清醒的估计，要谦虚谨慎。谦虚的办法就是永远与第一流的水平比。他说，科大数学系的毕业生一定能够出现不是吹出来的，而是国际公认的世界第一流的数学家。

1984年5月2日至3日，李政道博士来中国科大访问讲学，其间盛赞科大年轻人才多，鼓励青年学生争做点一流的工作。谈到少年班时，他说：“少年班同学很不错。许多同学才16岁到19岁，都已在读硕士学位或博士学位，这不仅在中国教育史上是少见的，在国际上也是少见的。”他勉励少年班同学说：“和国外相比，不是第一，就是落后。一定要设法赶上去。这个观念很重要。”

李政道博士在接受中国科大赠送的篆书字样的瓷杯时说：“好，好，饮水思源嘛”，并为科大题词：“新人出科大，每门有成就。”

79级毕业生派遣前，严济慈校长题词祝贺并殷切希望：“心向母校，志在四方；振兴中华，气贯环宇。”

84级新生入学时，华罗庚副校长驰电祝贺并勉励：“新时代需要新人才，登高自卑，行远自迩，千里之行，始于足下，为四化作尖兵，团结奋斗，振兴中华。”

1985年6月15日，著名数学家陈省身教授为少年班同学题词：“不要考第一！”

1985年9月10日，在庆祝新中国第一个教师节时，全国人大副委员长严济慈致电学校。电文中说：“在文明社会主义国家里，教师工作应是最受人尊敬而又令人羡慕的职业之一。每当看到自己的学生在科学上有所建树，为国家做出贡献时，我从心底里感到说不出的高兴。我想，你们也有同感。前不久，我曾为我国第一个教师节题词：‘尊师重教，蔚为风气，造就人才，实现四化。’我希望我们中国科学技术大学的全体师生员工要争取在这两方面走在全国前面，以尊师重教的良好风尚和造就人才的丰硕成果，作为我们对教师节的最好的纪念。”

1985年11月，钱临照院士曾经与科大同学谈到“傲”，他说，科大人以前的骄傲使科大名声不好，吃了不少亏，科大人的“傲”正是科大人的一个缺点。历史是不能割断的，科大的建校成功和北京大学的帮助是分不开的。现在，科大一些人看到科大的一点成绩，感到了不起。把清华、北大这样的老牌名校都不放在眼里是错误的。因此，即使我们取得了一些成绩，也是在他人的帮助下取得的，怎能骄傲自大？以前在招生中，由于一味骄傲和夸大曾使学校名声一度遭到一定的损害，这是教训，必须记取。

1985年12月15日，严济慈给学校发来新年贺词——祝贺中国科学技术大学全体师生员工：新年快乐，身体健康，努力实践“中国科学的将来就是世界科学的将来”。落款：八五老人 严济慈。

1986年4月，瑞典皇家科学院院士诺贝尔化学奖评选人奔特·蓝碧说，访问中国科大是他四次访华中最成功的一次。在不久的将来，中国科大会成为国际一流大学。

1986年5月，81级学生毕业前夕，严济慈题词：毕业是走向社会的开端。

1986年6月，在中国科大上海校友分会成立大会上，时任上海市委组织部副部长、5801校友赵启正满怀深情地说："科大是条群星灿烂的银河。我们科大上海校友会，要发挥科大星团的作用，积极为母校的发展作努力。"

1986年9月20日，中国科大建校28周年之际，严济慈专程从北京来到科大，在与科大学生座谈时，自豪地谈起他心爱的物理，他说物理是很基础的、很重要的科学，已经深入到各个领域，并风趣地说："你们看，学生物的要学物理，学化学的也要学物理。"

滕藤说，我们现在有三根"指挥棒"，一根是高考指挥棒，一根是研究生统考的指挥棒，一根是出国考试的指挥棒，都是很要命的。大学里这两根指挥棒使许多同学只集中考研要考的那几门课程，对其他课程相应就放松了。这使我们对学生的培养，特别是专业课的培养受到很大影响。如果一个学生盲目地被考试拖着走，考什么学什么，那是学不好的。有人介绍过经验，说课程这么多，有的课必须考5分，有的课必须学5分。这就是说，考5分和学5分是不一样的，只有真正把精力花进去，拼命地学习和思考，才能真正学到5分。作为一个教育家，应该努力去削弱以至消除这两根指挥棒的影响，不能助长它。

1987年9月26日，年过七旬的中国科学院西安分院副院长华寿俊与05系86级同学座谈时说，"中国人是很聪明的，你们力学系不是有搞发动机的吗？你们知道吗，最早用于三叉戟飞机的‘斯贝’发动机原理就是你们力学系教授吴仲华先生年轻时在国外研究的。你们一定要树雄心壮志，为祖国四化做贡献。搞科学的要培养严谨、细心的作风，这就要从生活小节做起，宿舍环境卫生好，有条理，人就有精神，可以提高学习效率，有利于身心健康。”

5902校友、著名超导专家赵忠贤说，要想在事业上有所建树，首先要有责任心，无论对国家、对集体、对朋友、对家庭都是如此，这是成功的基础；其次是努力，只要认为方向对了就走下去，如果碰到困难就灰心退让终将一事无成。

在北京校友会成立仪式上，原第一副校长李昌说：“看到这么多校友济济一堂。使我想起小时候爱唱的一首歌‘今天桃李芬芳，明天是国家栋梁。’这个栋梁不一定是大官，而是在社会各个领域中起脊梁骨的作用。……校友会成立与不成立是不一样的。我们的队伍是知识密集型的，脑子中许多信息是分散的。校友会成立以后，作为一个新的组织，她的作用可以跨部门、跨地区、跨行业，把大家的知识集中起来为社会主义服务。”

少年班成立十周年时，严济慈题词：“十载少年喜长成，百科高峰待攀登。”李政道题词：“代代出新人，英雄在少年。”

我国著名的混合炸药专家、西安近代化学研究所所长、60级校友蒋承炜对于做人和治学的诠释，可以说代表了科大人的行为风格。他认为：

第一，人要有精神支柱。你起码要是一个爱国主义者，有强烈的民族精神，要始终想到为自己的祖国振兴去奋斗、去拼搏。

第二，要讲究实际。要了解国情、民情、所情，不可好高骛远，不能想入非非，要从实际出发，从本职工作做起，一步一个脚印，扎扎实实前进，做出自己的贡献。

第三，要能吃苦。害怕吃苦的人什么事情也做不成。

第四，要养成能上能下，能高能低的品德和作风。在待人方面，外国总统接见你，你也不卑不亢，与社会底层的普通人交往，你也要充满尊敬和爱意；在生活上，有条件好日子可以过，低到条件差的时候也能睡猪圈；在工作上，遇到最大的难题也敢闯，敢于攻坚，做高水平的工作，但是最低等的工作，最繁琐的细小工作也要干。

1988年6月25日，学校举行88届本科生毕业典礼，名誉校长严济慈发来贺电："你们是在中国科技大学成立25周年入学的，又在建校30周年的大庆之年毕业，因此，你们可以说是中国科技大学的双庆之花。我希望你们今后发扬中国科技大学的优良传统和校风，用自己的智慧劳动和辛勤的汗水，为祖国、为母校贡献双庆之果——实现祖国四化大业并把中国科技大学建成享誉世界的第一流高等学府。"

1988年5月，严老为科大题词："创寰宇学府，育天下英才。"

1989年11月12日，著名超导专家赵忠贤与物理系同学座谈时说："你们在中学天天考试，可以说，这种考试会把主动精神和创造力都消磨掉了。但是没有办法，如果推荐的话，我相信你们一半不能进来。现在你们是大学生了，要改变精于考试的习惯，要生动活泼地学习。"

我们做学生的时候，同学们是有60页的量子力学就不看50页的，若有80页的就不看60页的，总想多学。但关键是掌握精华，真正掌握。我的前提是，看的质量一样，50页的书，提出的都是精华所在，熟练地掌握薄本，成为自己的东西，拿来80页的书很快也会自学，能基本明白。

作为学生要有坚实的基础，不要吃多嚼不烂。问题是你肚子不要只是仓库，学富五车，满脑子学问却放着不用。我们需要的是解决问题的能力。程咬金只有三斧子，三斧子一过就乱套，但这三斧子很管用，比那一套套花枪强多了。

1989年9月20日，学校组织新教师座谈，教务长史济怀触景生情，“我到科大报到的那一天，正好是1958年9月20日，学校举行成立大会，我们随着郭老、聂帅一起走进大礼堂。我们肩负着双重任务，一方面要把教学工作搞好，一方面还要从事自己的专业学习和研究”。他说：“一定要把基础课教好！科大招收的学生的平均成绩，除88年低于清华外，都居全国首位。他们的素质是很好的，我们绝不能对他们不负责任，否则我们对学生家长、对祖国都无法交代。”

1990年5月14日，学校召集部分教授座谈学习“江泽民在首都青年纪念五四报告会上的讲话”。校党委书记、常务副校长汤洪高说：“作为学校，不可能培养出百分之百的马列主义者，但一定要培养百分之百的爱国主义者，否则就是我们的失职。”

钱临照教授说，对出国的学生和老师，我们不能放风筝，学校要在大气候中创造自己的小气候，吸引他们回国。

谷超豪校长在90级新生开学典礼说：“我们一定要谦虚谨慎，不要以为名牌大学就可以高人一等，要尊敬师长，尊敬管理人员，尊敬同学，尊重他人劳动，特别是平凡的劳动。待人要讲文明礼貌。”

1990年9月10日，数学系主任冯克勤作为教师代表在90级新生开学典礼上说，不管在什么情况下，我们教师要克服各种困难，兢兢业业地把书教好，培养好学生。他特别强调，“不管什么情况下”，是指当时社会上有一些“脑体倒挂”，“知识贬值”等不良倾向，即使在那种情况下，我们也要坚信教育、知识、科学对于国家和个人前途的重要。什么叫坚信？在条件顺利的情况下努力工作、努力学习叫做相信，在逆境下仍然努力工作、努力学习叫做坚信。他希望同学们，不管在什么情况下，也要相信没有教育和科学文化，没有高度的文化素质，是建不成一个繁荣富强的国家的。

1990年10月，时年88岁高龄的苏步青院士来中国科大参加《数学年刊》第七次编委会议，应校刊记者的要求，挥毫写下"当好第一流大学的学生。书赠中国科大同学"。他说："这真是一个学习的好地方，年轻人应该珍惜这样好的学习条件。你们的名誉校长严济慈提出'创寰宇学府，育天下英才'，说得真好，科大和科大的学生应当向这个目标努力。"

1990年前后，社会上"脑体倒挂"现象比较严重，"读书无用论"到处蔓延，有些学生也牢骚满腹。科大光学和光电子专业的郭光灿老师经常勉励学生不要放弃。他说，人不怕有才能没有人用，怕的是天天抱怨怀才不遇，而一旦有了机会却无力承担。"文革"时，大家都不读书，可有人不甘放弃，在那自学，坚持充实自己，结果一旦机会来了，他们就走到了前列。

针对当时社会上流行的"穷教授，傻博士"的说法，冯玉琳教授在博士生开学典礼上说："既然你考上了博士，走上了这条路，搭上了这班船，你就要决心走下去，'傻'就要'傻'到底。要有这种献身祖国科技事业的精神，才能在今后的工作中做出好成绩。"

1991年底，全国人大常委副委员长、中国科大名誉校长、年逾九旬高龄的严济慈冒着纷飞的大雪，亲临合肥同步辐射加速器验收现场，为工程竣工剪彩。他说："我今天特别高兴，因为我又来到了安徽，回到了中国科大，并且亲自看到了我七年前参与奠基的合肥国家同步辐射实验室通过了专家鉴定和国家验收。……这实在是不简单的，它充分显示了我们中国人民的聪明才智。我特别高兴的是看到承担这项高科技科研工程的主力是我们党自己培养的一批中青年科技人员，他们自力更生，艰苦奋斗，不畏艰险，勇攀高峰，把加速器工作当做自己终生的事业，这是一种可贵的精神。"

国家同步辐射实验室通过鉴定和验收，谷超豪、陈能宽、马西林分别赋诗祝贺：

谷超豪："场催电子近光速，回旋行波几多频。若非壮士同心干，焉得群星分外明。"

陈能宽："科大神工万里行，电光同步献心身，里程碑上群星灿，最贵长征肝胆情。"

马西林："合肥庆出光，科大非虚扬，多少新鲜事，常宜放眼量。"

1992年6月，著名物理学家任之恭访问中国科大时挥毫题词："我和中国科技大学有浓厚的感情，科大是中国科学院培养理科人才的唯一的大学，她的成绩是特殊的超卓。这次我们看到科大完成国家同步辐射实验设备在储存环里有800Mer的能量，其光源可供五个重要实验的探索，这对国家科技发展有极大的贡献。我衷心祝愿科大的进步，蒸蒸日上！"

党委书记余翔林在1993年教师节时撰文说："在学校里，学生是主体，教师是主导，教育活动则是师生共同的活动，这种活动是一种双向的交流，不仅是知识的交流，也是感情的交流，不仅是智育，也是德育。"

"五笔字型"发明者、中国科大62级学生王永民有一套"聚焦"理论："聚光镜能把阳光矛在焦点上产生高温，事业也能把生命'聚焦'在一起，产生攻克科学堡垒的能量，哪怕把70岁'聚焦'成50岁，不也是值得的吗?”

龚惠兴在谈到一生不断奋斗的信念时说，人大致分为三类：好的，对社会贡献多，索取少；中等的，对社会的贡献和对社会的索取大致相当；最差的就是对社会的索取多于对社会的贡献。人要高尚，就要多做贡献。

1993年5月8日上午，姚依林同志来中国科大国家同步辐射实验室视察，并为学校题词:“发展科技，实现现代化。”

40周年校庆大会上，全国人大常委会副委员长、名誉校长周光召说，希望在中国土地上工作的第一个诺贝尔奖获得者是我们科大培养出来的，并且希望在不久的将来的毕业生中，科大人能出现一大批世界一流的科学家和企业家。

全国政协副主席钱伟长说，60岁以下的“两院”院士中，在中国科技大学受过教育的就占了1/7，这是值得全体科大人自豪的办学成绩。

1994年4月28日，全国政协副主席、中国社会科学院院长胡绳来中国科大参观访问，并题词:“依靠高科技，发展新中国。”

龚昇教授获得第五届“华罗庚数学奖”，在颁奖大会的发言中，他说:“我常常想，现在年轻人赶上了好时光，能不能让我再活几十年，让我和年轻人一起，去不断地学习一些新的数学，做一些新的研究，还可以去苦干，拼命干。数学发展得实在太快，很多新的领域、新的成果经常吸引着我，数学的无与伦比的美更是使我眼花缭乱，但我也清楚地知道，这只是一种愿望，恐怕是一种难以实现的愿望。但我也不要因之而气馁。虽然我的客观条件也许已不允许我作百米赛跑那样去冲刺，但我仍可以跟在年轻人后面跑，也许是慢跑，要紧的是不要停步。”

2001年5月，原复旦大学校长杨福家院士在中国科大“九五”“211工程”建设项目国家验收会上说：“朱校长很多次讲到加州理工学院，我感到你们的追求是有可能实现的。这个追求，不仅在你们身上感到，而且在一些学术骨干身上，在一些年轻人身上，还有学生身上，都感受到了这种精神的力量。科大现在的这种气氛，我感觉是可贵的。这几年在‘211工程’的资助下也有了一些实际的动作，值得全国所有高校关注。像大家谈到的‘有所为，有所不为’，有所不为才能有所为，在这里非常生动地体现了这种理念。像学科的交叉，还有学科的重组，这个也是很合乎今天国际发展的潮流，在这里也做得非常好。我们完全有理由期望这所学校不仅在国内外成为知名大学，而且会成为国内外一流的大学。我感到，科大建设一流大学的条件已经具备了。”

2001年5月，南开大学校长侯自新在中国科大“九五”“211工程”建设项目国家验收会上说：“除了学科交叉以外，给我印象很深的还有一点，是如何敏锐地抓住前沿问题进行重点突破。特别是在量子信息研究方面，科大最初的研究是非线性在等离子体和孤子的理论研究方面，随着工作的深入，科大很敏锐地抓住了量子计算、量子信息。而且在原来的理论基础上，通过‘211工程’的支持，把实验科学加了进去。应该说，这个学科在比较短的时间内有了一个比较大的突破。我觉得这个经验应该认真地予以总结，我们国家很需要这样的工作。这个经验不仅对科大和全国的高校，甚至对全国的科技界都很有意义。”

2001年，范维澄当选院士，在接受中国科大校报记者采访时说：“要把你所从事的工作变成一种你非常爱好的事情，在科学上有一种非常愉快和执著的追求。米卢提出‘快乐足球’的概念，我认为科学研究同样可以有一种'快乐科研'的境界,下决心一辈子致力于科学事业的人,要通过忘我科研的实践,去领略、体会和品味科研过程的乐趣,把追求真理与实现人生价值的艰苦奋斗作为一种'快乐'。你不断地以一种健康向上的积极快乐的心态来对待工作,又绝不放弃在你周围出现的任何一个机遇,你就会获得一种自然的发展和成功。"

2001年,杨振宁先生在校大礼堂向科大"求是"研究生奖获得者颁奖时发表感言,说:"我敢说,在一二十年内,中国人尤其是像你们这样的年轻人才获得诺贝尔奖的可能性非常之大!"

侯建国院士是科大78级学生,他认为,能有今天的成就,完全得益于他在还不算太大的时候考上了最好的学校,遇到了最好的老师,接受了最好的训练。

侯建国说:"科学上要取得成功,要有激情,要坚持自己的研究兴趣。有兴趣、激情,你就会去琢磨事情,想办法解决问题。同时,要踏踏实实,耐得住寂寞。科学家图的不是升官发财,而是在探索未知世界过程中始终相伴的心理感受,是科学研究过程中不断发现的乐趣。""创新实际上是在不经意间完成的,而不是刻意'造'出来的。"

赵忠贤院士在50周年校庆首次新闻发布会上说,办一所好大学不在于"大楼",而在于"大师"。在所有的高校中,没有哪一个学校有中国科大那么多的大师,各个系的系主任,承担课程的老师,很多人的名字都可以在中国大百科全书中找得到。从大师的角度来讲,中国科大在他念书的60年代是全国高校里面最多的。

2006年6月,邓中翰回母校做客"中国科大论坛",他说:"无论在国内还是在国外,无论是求学还是创业,我都深切感受着科大人的渊源,以‘创新报国’为灵魂的‘科大精神’一直影响着我、承载着我、激励着我，它已成为我人生的一部分，是我事业成功的重要精神力量!”

邓中翰说:“科大独有的校园氛围，成为我独立为自己的人生做决策的重要推动。我身边的很多同学都能在艰苦的环境中，保持着对学习饱满的热情和自信，让我深受鼓舞”，“我看到同学们身上有着一种气，那就是‘自信’、‘自尊’和‘自爱’。科大的精神就从这些十八九岁的学生中散发出来，逐渐发展到一种宿舍文化、班级文化，乃至校园文化。”

校长朱清时在给2006级新生致辞中说:“大学阶段和中学阶段的学习有着很大的不同。英国著名哲学家怀特海这样说过:‘在中学阶段，学生伏案学习;在大学阶段，他需要站起来四面观望。’这就是说，进入大学之后，同学们要自己站起来独立行走，要认真地认识自己，审视周围的环境，确定自己的人生目标。只有知道自己以后想做什么、要做什么，才能知道自己应该学什么。”

彭子成教授说，勤奋是科大精神的本质，创新是科大精神的动力，诚信是科大精神不可或缺的灵魂。

李曙光院士说，科大最宝贵的精神财富是优良的学风。他认为奋斗、刻苦、钻研的作风是科大优良学风的第一条。丢掉这一条，就丢掉了“不要命的上科大”这一品牌。“理性、创新”是科大的灵魂。“理性”就是实事求是，按科学规律办事，不追风，不搞虚假表面文章;“创新”就是能不断发现新问题，并能打破常规提出解决问题的新思路、新措施。理性与创新是相辅相成的。缺少理性的“创新”可能脱离实际而成冒进，蛮干;而缺少创新的“理性”就容易保守。这两者所以在科大能很好统一起来是因为科大有“务实的科学探索精神”，无“哗众取宠”做表面文章之风。

李定教授说，科大的创新精神表现为“我创新，故我在”；科大的科学精神体现为“科学有险阻，苦战能过关”；科大的民主精神内敛成“独立思考，不畏权威”；科大的民族精神概括为“科教报国，矢志不悔”。

朱近康教授说，科大精神体现在“红专并进，理实交融”。“红”有对国家和民族的忠诚和热爱，有对政治和时局的关心和参与；“专”体现学科专业坚实基础和创新思维。“红专并进”是一个学者在任何一个地方都不可缺少的修养和素质。“理”表示有坚实的数理基础和良好的论证分析能力；“实”则意味着有较强的动手能力、实践能力。“理实交融”则是自主创新和独特思维不可缺少的能力。

施蕴渝院士说，热爱科学、勤奋学习、不断攀登的精神是科大精神的实质，科大人的事业心、责任感以及对科大的热爱，是科大精神的集中体现。科大精神的最大特点是不断创造新的高峰，正是有了这种精神，科大才有了今天的辉煌。

饶子和把早期“小作坊式”的研究比做小巷里骑自行车，后来发展成为公路，再后来是高速公路，向“大科学”发展。他说：“不同科学发展进度不一样，但总的进程都是越来越依靠团队和学科交叉，把国家需要与个人探索相结合。”

饶子和说：“好多东西做出来感觉到蛮好，可做的时候不可想象，也不敢想。但是，我还是主张，做科研要有点野心。”

饶子和说：“科学研究是个痛苦的积累过程，不断地探索和积累总会感动上帝，让运气降临到你的头上。”

78级少年班学生郭元林在首届少年班校友助学金颁发仪式上引用同学的话:“科大的校园是我们心中的圣地;科大的经历是我们人生的亮点;科大的同学是我们心灵的港湾;科大少年班是我们永远的骄傲!”

郭元林在少年班创立30周年庆典大会充满激情地说:“青春报国,追求卓越,从改革开放的见证者塑造成民族复兴的参与者,少年班的经历也正是我们每个同学的自信之源、自强之根。让我们期待着下一个梦想的到来,再过10年,再过20年,再过30年,我们再相聚,背靠更强大的祖国,置身更辉煌的科大,品味更美好的明天。我们不会忘记,我的所有同学和校友们有一尊共同的永远令我们骄傲的中国印,那就是:中国科大少年班。”

在2008年10月20日下午学校召开的青年教师座谈会上,侯建国校长说,人才培养过去是、将来也仍然是科大最重要的工作。人才培养是一个复杂的系统工程,教师是关键,教书育人是一项崇高的事业,要进一步增强责任感和使命感。

2008年10月25日上午,校党委书记许武在“理想决定未来”的专题报告中说,不同年代的科大人虽然成长成才的时代背景不同,但振兴中华、造福人民的理想信念是一脉相承的,为国家、民族的振兴而奋斗,创造一流业绩,达到一流水准,从来就是科大人的历史使命,“勤奋学习、红专并进、理实交融”也从来就是科大人最显著的特征。

“你们是一年级新生,我是一年级校长,希望我们一起努力,做好自己的事。”2008年12月14日上午,校长侯建国与在座的一年级大学生热情相约,四年后,“希望大家成为一名合格的科大毕业生,我成为一名合格的中国科大校长。”当年9月,国务院任命侯建国为中国科学技术大学校长,故有“一年级校长“之说。

2011年4月9日，中共中央政治局常委、中央书记处书记、国家副主席习近平同志来校视察，在西区图书馆与学生交谈。他说，今天到科大来，到图书馆来，和同学们见面，很高兴。科大是我们国家的重要学府，有很强的科研教学水平，也有优良的教学传统，培养了大批优秀人才。这是一个很值得敬重的大学，同学们能在这里就学很值得自豪，大家一定要珍惜在科大学习的机会，真正在这里德智体美全面发展。

2011年7月5日上午，中共中央政治局常委、国务院副总理李克强冒着高温酷暑来我校视察科技创新情况，并看望师生。他说，你们是科大的中坚力量。中国科大是我国重要的高等学府，而且具有相当的国际知名度，目前正在向世界一流研究型大学迈进。特别是在科技创新方面，科大有较强的实力，又有中国科学院作为强大的后盾。

2012年9月1日，中共中央政治局常委、国务院副总理李克强给中国科学技术大学研究生支教团第十三届支教队队员回信，信中说："强国必须强教。一批批有知识、肯担当、能奉献的青年志愿者奔赴中西部贫困地区支教，不仅传授知识，为那里的孩子开启了一扇了解世界的窗口，照亮了他们的希望和梦想，而且自己也在实践中认识社会、历练成长，很有意义。经历铸就人生，奉献体现价值，希望你们把支教生活作为加油站，更加勤奋地学习工作，在报效社会中创造美好生活。"

花开的声音——中国科大的那些人那些事——

大爱

第四

1958年春节，学校每个系选一个代表到郭校长家拜年。郭老给每个人都发了压岁钱，每人两块钱，同学们都很高兴。郭老是拿自己的稿费给同学发的，所有留校同学都有，当时每月工资才三十多块钱，全校没回家的同学大概有六七百人。

1958年，钱学森在美国出版的《工程控制论》一书被翻译成中文，由科学出版社出版。同时《工程控制论》获自然科学一等奖。钱学森发现，听课学生大部分来自农村，家庭贫困，许多人连计算尺都买不起。没有计算尺和其他必备的学习用具怎能学好力学？于是他将《工程控制论》一书的稿酬，加上奖金，共计1.15万元捐给科大力学系，给学生买学习用具。

1959年春节前夕，郭沫若校长由校党委书记郁文陪同，在学校大礼堂的讲台上，郭老双手握拳高拱，从东到西连连向全体师生员工作揖拜年。在场的师生们都感动地站起来，热烈鼓掌高呼向郭老拜年。随后，郁文书记宣布：郭老把他刚刚收到的《沫若文集》第十集的稿费赠给同学们过年。每人2元，1元入春节伙食（那时全校学生同在一个大食堂集体就餐，每月伙食费12.5元），另1元发到每位学生手中。

在1960年1月8日出版的第48期《科大校刊》的一版左下角有一则不起眼的简讯，说的是，郭沫若校长向学校赠送了一部16毫米的乌克兰式电影机及全套设备，并附送了《黑孩子》、《萨特阔》、《奇妙的商店》、《瑞典火柴》、《蜜蜂》等影片。同时，郭沫若还将《郭沫若文集》出版的稿酬1万元赠送给学校，给生活上困难较多的同学作补助。

建校初期，很多同学从南方来，冬天还睡席子，有的还光脚丫，棉被也没有，郭老便用自己的稿费买了棉衣、棉被，还给同学买鞋。另外，他还给每个学生发了一把计算尺。当时很多学生很穷，本子也买不起，郭老就自己买了很多笔记本放在系里，大家都可以去领。

三年自然灾害时期，全国人民都在挨饿。科大学生也一样。由于吃得少，学习生活都较苦，学生们的身体多多少少都有些浮肿，身上一摁就是一个坑。于是，郭校长特地从他的稿费里面——他当时写了很多剧本，像《蔡文姬》、《屈原》等——拿出了一部分钱，在年末的时候，请全体同学吃了一顿饭。这顿饭有四个荤，都是荤的！此外，还发给每个同学一个遮阳帽和一个水壶。

1961年5月1日，中国科大召开庆祝国际劳动节大会。郭沫若校长来校作工作报告，对同学们提出了五点希望：思想好、身体好、学习好、作风好、工作好。会后，学校在大操场上举行“庆五一”学生文艺汇演。校长郭沫若、校党委书记郁文和副校长严济慈、华罗庚席地而坐，与学校师生一起观看演出。

58级校友卞祖和回忆说，有一次，他和几个同学在大操场迎面见到郭老，郭老和大家一一握手后，就一起席地而坐，交谈起来。到了吃饭时间，又和大家一起去食堂用餐。当时，食堂条件较差，没有凳子。郭老已是近70岁的老人，大家到厨房找了一张凳子请他坐下，却遭到了他的拒绝。就这样，郭老站着和同学们吃完了一餐饭。

60级校友进校时碰上国家困难时期。郭沫若校长十分关心师生的生活和健康，他在百忙之中还深入食堂。一天早上，学生王喜阳排队到了买饭口，看见是郭校长在给学生打饭，感动不已。郭校长给他打上一碗热腾腾的玉米粥，在另一只碗里打了一勺咸菜，又用夹子挟进一只窝头，接着用刀子又切开一个窝头，给他添了半个。后来王喜阳说，我真后悔，当时不该买三两，要不郭老就不必拿刀切了。

科大首届学生入学不久，郭校长为新生作报告，讲到理工科学生要学点文科知识的事，谦虚地说："我很想给你们上课，但你们所学的东西我也教不了。不过有一点还可以教你们，那就是书法。"同学们报以热烈掌声。后来，新图书馆落成。图书馆大厅中悬挂着郭老手书"人类历史是一个从必然王国向自由王国发展的历史……"共264个大字，每字约一尺见方，苍劲有力，气势磅礴。同学们高兴地说，这是郭老在履行自己的诺言，为大家上书法课呢！

在首届毕业生即将走上工作岗位之际，郭老来校祝贺，讲话中引用林则徐的"苟利国家生死以，岂因祸福避趋之"的诗句来激励毕业生。同学们听后很感动，思忖林则徐虽是历史上杰出人物，但终究只属封建时代有识有为之士之列。我们是新时代革命事业接班人，安能不及林公？有人后来便将"苟利国家，不问祸福"作了座右铭。

"文革"中，郭老非常苦闷与彷徨。1976年上半年，他在北京医院治疗期间，遇到了当年将玉泉路校园拱手让给科大的唐凯少将。他感慨地提及往事，神情逐渐变得凝重起来，说："真对不起你，把你们从刚建的设计院给赶走了，原来只想用那块地盘好好为国家培养科学秀才和专家人才的，现在看来，那里也没多大用处了……"这个时候，科大早已迁往安徽合肥，经历了濒临解体、恢复重建的坎坷。而郭老，因为年事已高，已经与科大离散多年。那一声欲说还休的感慨里，有伤感，有痛楚，或许还有深深的寂寞。

粉碎"四人帮"，郭老埋藏心头的忧愤像火山喷发，"大快人心事，揪出四人帮！"一时传遍国内外。人们说，"四人帮"最早是由郭老来审判和定性的。

"文革"结束后，郭老又一次感受到春天的活力，他对科大的思念更是有增无减。郭老的女儿郭庶英回忆说,1977年的时候,她去合肥出差,顺便到母校中国科大去了几天,回家后告诉郭老,科大的同志们十分怀念老校长。郭老很激动,深沉地说:“我也想念他们啊!等我身体好起来,索性到安徽去住。”庶英连忙说:“安徽很热,你身体受不了。”他却不以为然地辩解道:“那么多同志都在那里住嘛。”

1977年8月,中国科学院在北京召开了中国科学技术大学工作会议。那时候,郭老已经久病在身,因国事很多,常住在北京饭店。8月10日下午,科大的代表们特地赶到北京饭店看望他。当郭老出现在会客厅时,大家热烈鼓掌。因为在经历“文革”的种种磨难之后,重又见到老校长,大家情不自禁地流下了欣喜的泪水。郭老在离开会场时依依不舍,频频招手回顾。他的最后一瞥,脉脉深情,使人难忘。

郭沫若校长生前将15万元稿费交给中国科学院党组,希望用来发展祖国的科学事业。经院党组决定,国务院批准,从1980年起,这笔稿费用作在科大设立“郭沫若奖学金”。这是新中国第一个用个人名义设立的奖学金,也是中国科大学生的最高荣誉。

1982年,郭沫若校长诞辰90周年,党委书记、副校长杨海波撰文《怀念郭老》,文中说:“中国科技大学的历史与郭沫若同志的名字是紧紧地联系在一起的。郭老创建科大的业绩和他的风度、才华、品德、情操在科大师生中有口皆碑。”

5802校友王炽昌在一篇纪念严济慈老校长的文章中说:“于秘书告诉我,严老喜欢接见中国科大的同志,喜欢你们称呼他为校长,不喜欢你们称他委员长。所以,我每次都是以学生的身份称他严校长。”

蔡有智副校长回忆严济慈为学生上课的情形:上午第三、第四节课，严老有时能讲到下午一点，没有学生吵闹，没有学生反感，他们所做的是一边啃事先准备好的窝窝头，一边专心地听课。而严老也同样是一边讲解，一边和学生吃饭。

严济慈先后为学生讲授了电磁学、光学等课程。他讲课深入浅出，善于启发诱导，生动、幽默。尽管他无锡口音极浓，但仍紧扣同学心弦。每到他讲课，同学们都要抢位子坐到前面去。尽管他年事已高，工作繁忙，但除了人大开会外，整整四学期，他从不缺课。有一次人大开会，由其他教师代了两周。回来后，他看了同学们的笔记，发现有的同学听不懂，于是他又给大家讲一遍，使大家加深理解，很快掌握。有一次考试，他题目出得太难了，许多同学都不及格。他对大家说："我把题目改一下，也许你们都可以得五分，但那没意思。我教你们，不在于看你们现在得几分，而是要看十年、二十年后，在座的产生了多少科学家。教育水平高低不在现在几分，而是一二十年后看你们是不是人才、出成果。"

1981年12月19日下午，科大举行1981届研究生毕业典礼，严济慈发来贺词："承前启后不甘后，青出于蓝胜于蓝。"

1982年5月10日，严济慈校长在稻香楼宾馆南园接见校学生会委员，说："校园里花确实种得好，但我心目中的花朵，却是你们在座的同学。同青年人在一起我感到好像年轻了。"

1983年，严济慈校长当选全国人大常委会副委员长，学校师生致电祝贺，严老于6月22日回电感谢，称："在这令人振奋的时刻，我和同志们的心是连在一起的。"他希望全校教职员工"以科大为安身立命之本，团结奋斗，竭尽全力办好科大，为振兴中华做出应有的贡献。"希望同学们"发扬科大的优良传统和校风，为中华民族屹立于世界民族之林，为中国科技大学屹立于世界学府之林而刻苦学习、勇敢前进吧。"

1983年，校庆25周年时，严济慈校长发来贺信，指出“二十五年来，我们同呼吸、共欢乐。我这次因事不能前去与大家一起欢度校庆，引领南望，神魂俱驰，特寄上近作《聂总与中国科技大学》一文，以表心意。”

1984年初，副校长辛厚文等赴京调研中央部委对毕业生需求情况，1月20日下午，严济慈接见了调研组同志，说：“科大是我最大的宝贝”，鼓励大家“安身立命办好科大。”

1986年8月22日，严老在86级新生开学典礼上语重心长地说：“今天我又跟大家见面了，看到你们这些朝气蓬勃的年轻人，我从心底里感到高兴，觉得自己似乎也年轻了。当年我与大家在郭老的领导下共同创办科大，28年来，科大经历了顺利发展和艰难曲折两方面的考验，我们同甘共苦，心心相印，看着科大成长发展到今天，成为一棵‘招风的大树’，看到科大毕业生遍及海内外，成为科研、教学、生产、建设、管理等各种岗位上的骨干，还有不少人走上各种重要的领导岗位，我感到由衷的自豪和骄傲。”

他说，同学们，你们要十分珍惜自己的年华。一寸光阴一寸金，你们的一寸光阴也不知要比我的一寸光阴可贵多少万倍。你们要奋发努力，去攀登科学技术的高峰。

1986年8月30日，中国科大校友会成立前夕，时任国家民委副主任、学校第一任党委书记郁文专门致信祝贺。信中说，他本来决定来科大参加校友会成立大会，与多年不见的校友们欢聚，后因随全国人大代表团出访东欧未能成行，失去了这个绝好的机会，内心感到非常惋惜。离开科大多年了，但他却无时不在关心科大的发展和成长，经常听到从四面八方传来的美好讯息，使他受到莫大的鼓舞，有时听到科大少年班的小同学们学业进步的情况，也使他兴奋得长时间心绪平静不下来。总之，他同科大是心心相印、息息相通的。

28 周年校庆期间，严老与科大教师座谈时，十分激动地说，“我年纪大了，很少出门，可是最近 8 年到科大来了 8 次，合肥成了我的第二故乡。”

1988 年 12 月 28 日至 30 日，中国科大第四次工会代表大会召开，副校长龚昇在讲话中说：“科大风风雨雨几十年，虽几经磨难，却依然办得很好，我认为其中一个重要的原因是科大教职工有一种精神，这就是热爱科大精神。无论是在校内，还是在校外，甚至是出国，说起科大，都非常想念科大的老师和同学。这种情感的建立，我认为是由于科大人上下比较团结平等，学术上比较自由，有发展自己才能的机会，同时人际关系比较简单和谐。这种环境的形成是全校广大教职工共同努力的结果，维持这种局面也要靠大家。”

1991 年隆冬时节，时年 91 岁高龄的严老冒着漫天大雪从北京赶到合肥，出席同步辐射实验室国家验收会。在这次会上，严老用带着浙江口音的普通话深情地说：“我今年已经过了 90 岁，很少出远门，但是我特别喜欢来安徽，回科大。到科大，我就觉得年轻多了，因为中国科大是安徽省和全国人民以及中国科学院的骄傲，也是我的掌上明珠，我每次来都看到她放出新的光彩。”

1993 年中国科大 35 周年校庆，严济慈老校长以 93 岁高龄亲临科大，在校庆大会上发表讲话，浓重的东阳口音，娓娓道来：“建校 35 年了，我一直看着她成长，像自己的孩子一样，一天一天长大，一点一点成熟起来，越来越有出息，成为我的掌上明珠，我心里有说不出的高兴。”“从 1988 年校庆 30 周年到今天，整整 5 年时间了，5 年的时间里，我是第三次来科大。来到科大，我自己觉得年轻了许多，好像不是 93 岁，而是 63 岁。”严老一席话，令全场师生动容。

1984年，严济慈的爱人张宗英去世，此后12年一直到他去世，每天早晨严老都要到爱人的骨灰盒前鞠几个躬，坐上一会。

50年代的几届科大学生至今还记得，钱学森每次来科大，都不穿西装，只穿土布中山装、戴布帽、穿布鞋。夏天来校时戴草帽、穿短裤，而且带补丁。1962年以后，因工作需要，上完课就去参加重要会议，所以穿得稍好一些。在我国经济困难时期他却慷慨解囊，捐赠1.15万元，资助学校购买实验仪器设备。

58级同学进校时，正值教育界开展"红与专"的大辩论，有学生问钱学森："您认为，究竟是科学家的贡献大，还是工人农民的贡献大?"他说："这个问题不能形而上学简单地类比，科学家和工人农民各有各的贡献。搞科学研究对国家无疑是重要的，但不能因为当了科学家就看不起工人农民，感情脱离工农群众。"

1992年9月2日，钱学森给中国科学院院士葛庭燧的信中提到："现在中国科技大学有材料设计专业吗？似应设此专业，将来还可以设系。"1994年4月20日，钱学森给新任校长汤洪高的信中写道："我也祝愿中国科学技术大学在时代发展新方向：纳米科学技术，做出重要贡献。"1994年6月19日，钱学森在给力学系主任韩肇元教授、系学术委员会主任伍小平教授的信中写道："中国科学技术大学真是新高技术的突击手，而力学系也很称职，下决心像顾海澄教授那样预见至21世纪，开创新学科、新专业——材料设计!"

1996年1月25日，钱学森在给伍小平教授、力学系主任虞吉林教授、精密机械学与精密仪器系主任夏源明教授的信中写到："今天我们能设想一个元部件的细观结构是可以随我们的意愿安排的……上述理论工作能展示我们的前途，你们不应该做吗?"

1997年5月2日，钱学森在给虞吉林教授(研究生院副院长)、伍小平教授、何世平教授(力学系主任)的信中写道："近年来在国际文献中关于这方面(材料设计)的报道文章很多，使我们感到这也许是又一次新技术革命、又一次产业革命的先声……因此，我建议你们今后，多向白副院长(白春礼)请教，以办好中国第一个这方面的专业。"

数学系教授常庚哲回忆："1964年，在华罗庚的介导和主持下，科大成立了'综合讨论班'，每周举行一次，事先发出通知寄给有关单位。在7月23日'综合讨论班'上，大家讨论了'拉夫伦捷夫方程'。事隔一周，在7月30日的讨论班上，北京大学闵嗣鹤先生给出了一个证明。受到他的启发，我突然想起另一个证明，举手之后便走上黑板，结果在推演中，算不下去。我十分尴尬，第一是当众出丑，第二是怕华先生训斥。但我的第二种担心是多余的，华先生没有骂我，我走下黑板，他继续平静地点评这个题目。我很难受，中午饭都不想吃。因我当天夜里要到安徽招生，中午，我极力来修补我的证明，最后终于成功了，我写了一封信给华先生，装上了我的证明，从华先生办公室的门缝里塞了进去。晚上，我就愉快地登上了南下的火车。等我从外地回来，我看到了华先生的回信。这是他当天(7月30日)回复我的，又提出了一个比我的办法更简捷的证明，只有四行。在信的最后，他写道：'可见开始的想法是迂回曲折的，事后类多'先见之明'，能不怕曲折搞出东西来，再求直道，研究之道在焉。'"

1949年新中国成立时，华罗庚才39岁，毅然放弃在美国正教授所享有的优越工作和生活条件，经历重重困难于1950年回到祖国，1981年华老出国访问时，不少记者问他决定回国是否后悔，他说："中国是我的祖国，我的家乡，我是穷人出身，革命有利于穷人，我可以做一些对中国数学很重要的事情。"

华罗庚是科大的创始人之一。在科大筹办过程中，华老始终是积极的参加者与组织者，与郭沫若、严济慈、郁文等一起，共同筹划科大的大政方针。学校成立后，他担任副校长和数学系主任，亲自到校主持学校数学教学会议，制定教学大纲，并亲自讲课。学校南迁合肥后，根据周总理的指示，华老留在北京工作，但继续担任副校长和数学系主任，他总是给学校以无微不至的关怀，每逢学校重大活动，都要发来热情洋溢的贺电、贺词。

20周年校庆时，华罗庚正在内蒙古推广"双法"，不能前来参加校庆。他不仅发来贺电，还赋长诗一首，其中有段写道："近年走全国，处处见芳草，我校毕业生，其中颇不少，风格在纯朴，工作不辞劳，创新不落后，功成丛中笑。"

建校25周年，华老在贺电中说："科技大学是一个光荣的名字，奋发图强，勇于攀登，力争上游是中国科技大学的校风。25年来，她为国家培养了一大批优秀人才，希望大家在新的学年争取更加优异成绩，为振兴中华加快社会主义四化建设多做贡献。"

1981年4月，华老亲自邀请一大批我国著名数学家来校讲学，并为学校师生题字："聪明在于学习，天才在于积累。"当时，华老虽年逾七旬，但精神抖擞，谈笑风生。因为他看到自己亲手栽培的"一支锦蓓蕾"（华老在诗中曾这样称呼科大）生机勃发，绚丽多姿，内心无比欣慰。

1984年9月9日，学校举行新生开学典礼，华老又致电祝贺："新时代需要人才，登高自卑，行远自迩，千里之行，始于足下，为四化作尖兵，团结奋斗，振兴中华，共勉之。"

华老来学校讲学时，曾吟过一首他写的诗："藏拙保身自所憎，愿将涓滴为人民。生产如能长一寸，何惜老病对黄昏”。他最终实践了自己的诺言，工作到生命的最后一刻。

华老非常重视基础课教学。他亲自讲授基础课，总是亲手改讲义，每章每节，仔细推敲，深入研究，把自己的独特见解写下来。

华老注意言传身教，教育学生热爱祖国和人民，追求真理，献身科学。一次会上，他念了一首他 1980 年访美时写的诗：“三十年前归祖国，如今又作访美行，十年浩劫待恢复，为求借箸别燕京。愿化飞絮被天下，岂甘垂貂温一身。一息尚存仍学习，寸知寸识献人民”。表达了一个炎黄子孙对祖国对人民的赤诚之心。华老一生勤奋，平日里脑子想的总是数学，遇到过去的学生，很少寒暄，三句话不离数学。他虽然举世闻名，但写文章编教材仍旧是字斟句酌，反复推敲。即使是一篇短文，也要征求学生或秘书的意见。

华老对学生一向以“严”著称。50 年代初期，华老有时早上 5 点多钟就把学生从梦中叫醒，问昨天布置的题目想了没有。若是想了，没有解出来，他不责怪；若是连想也没想，准挨一顿“训”。他曾经说过，对于幼苗，不能浇温水、热水，应浇冷水。他从来就是对青年泼冷水的。

华老说过：“我想，人有两个肩膀，应该同时发挥作用。我要用一肩挑着送货上门的担子；另一个肩膀作为人梯，让青年人踏着，攀登科学的更高一层山峰。”

1985 年 6 月 12 日下午 4 时，中国科大副校长、著名数学家华罗庚精神矍铄地出现在东京大学的讲台上，开始了他访问日本的学术演讲。起初，他用中文讲，然后翻译成日语。等讲到数学的专门问题时，他征求了会议主席和听众的意见之后改用英语讲。会场上鸦雀无声，在座的日本学者们全神贯注地听着这位满头银发的世界著名数学家的精粹论述，不断地用掌声向华罗庚表示敬意。日本朋友听说他的身体不好，为他准备了轮椅，但他几乎一直是站着发表演讲的。中间，他讲得满头大汗，脱掉了上衣，解下了领带……

原定报告的时间不超过45分钟，他见会场上听众反应十分热烈，看了看手表，时间已过，于是对会议主席说："规定的时间已经超过，我还可以延长几分钟吗？"得到允许后，他又继续讲，一直讲到下午五点多钟才结束，共讲了一个小时零五分钟。在长时间的热烈掌声中，他坐在椅子上准备再讲几句话，但刚讲出一句在场人未听清的话，就突然从椅子上滑了下来，他的心脏病发作了。在场的中日两国医生和教授们赶紧跑过去扶他躺下，并立即送往东京大学医院急救。日本的心脏病专家们尽了一切努力，华罗庚教授却再也没有清醒过来。1985年6月12日晚10:09分，蜚声国际数学界的一颗明亮的星陨落了。华罗庚教授实践了他生前多次表示过的遗愿，工作到生命的最后一刻。

钱志道调任中国科大副校长后，人们发现，他很少在办公室露面，老是在实验室、教研组和学生中间转。他凡事能自己动手，绝不要别人代劳。得知秘书是本校无线电系毕业生，便说："我这里没多少事，你到系里兼门课，不要把业务丢了！"

用人单位反映学生动手能力较差，钱志道便决定压缩课时，增加实验室，改变教师"演示"式教学为学生"动手"式教学。他认为，大学生没有独立的科研能力，将是永远长不大的孩子。在他的倡议下，激光化学、材料工程、低温物理、天体物理等系科专业和科研机构相继在科大设立，后来在国内外学术界产生重要影响。为筹建化学大楼，他跑批文，要经费，建设中不时深入施工现场。

钱志道从不表白自己在战争年代的辉煌经历。钱临照院士在回忆文章中说:"70 年代下迁合肥,科大住房紧张,我与志道两家蜷居于一单元内,朝夕相处,笑谈如在目前。他唯独不谈在延安为革命所做的贡献。毛主席题词,初尚藏于箧中,及后为人所知,乃以示人。"原来,是红卫兵抄家时在钱志道的箱底发现毛主席题词"热心创造"。当时大家都惊呆了,他们眼中的"走资派"、"反动学术权威"原来是为中国解放事业做出巨大贡献的老英雄。

1963 年,钱志道重新复出,任中国科大副校长。70 年代初,科大从北京搬迁合肥,钱志道带头交出在北京的一套小楼。到了合肥新址,再挤也不会少了校长的住房,他却主动和钱临照教授合住一个单元。调回北京创办研究生院,他还是与人合住一个单元。几年后,中科院让他在"部长楼"里挑一套五六间的住房,他却只要了一套三居室,住到逝世。

钱志道在中国科大、科大研究生院工作期间,尊重知识,尊重人才,爱护老教师。学校在玉泉路期间,教工住所离学校较远,每逢下班回家,他都请年迈体弱的老教师搭乘他的车。

六七十年代,时任校党委书记的刘达以锐利的目光,看到了科大 10 年、15 年后的情景。他培养和造就了三代教师。首先他从兄弟院校、科研单位调进一批"高才生"、经验丰富的科学工作者,形成了科大第一代教师队伍,为科大的建设和发展立下了汗马功劳,成为科大繁荣的基石。同时,他置所谓"近亲繁殖"的争议于不顾,在科大第一、第二、第三届的毕业生中留下了一大批人,形成了科大第二代教师队伍。许多人已担负着校系和教研室、研究室的领导工作,成了科大教学和科研的中坚力量。在"文革"期间,他又顶住压力,"回炉"了 100 名 69、70 届的学生,形成了第三代教师队伍。

刘达经常深入基层，走遍各系许多教研室、研究室。他不是“视察”，而是走访；他不是走马观花，而是实地解决问题。有一次他来到物理系半导体研究室，了解到该研究室急需一台集成电路控制板初缩机这种关键设备，他马上亲自写信给上海市委，要求支援卖给一台初缩机。多年来，这台初缩机拍摄了上百套集成电路，为半导体研究室灵活快速地研制成功20多种具有国内先进水平的模拟集成电路打下了基础。

刘达同志当年在合肥时，仅住一间不到20平方米的集体宿舍。当时学校有关部门安排一套普通教师宿舍动员他去住，他坚持要住集体宿舍，认为这样可以更方便地接触到群众。就这样，直到他调离科大，一直住在这间房子里。他的宿舍大门始终敞开着，接待教授、专家、一般教师、实验员、学生以及工人、炊事员，从而使这位党委书记有机会了解到各个阶层人的“喜怒哀乐”。

1971年，当时学校有个“卖肉点”，设在“东平房”。由于猪肉紧张，因此大家都得排队，能买到肉已不容易了，要想买到瘦一点的就更难了。一天，刘达也来排队买肉，卖肉者眼光“锐利”，一眼就看到刘书记来了，于是“千呼万唤”请刘达不必排队上前买肉，大家也动员刘达不必排队，但他坚持排队。“漫长”的时间过去了，轮到刘达买肉了。此时此刻，卖肉者再献殷勤，为刘书记割一块全瘦肉。刘达微笑地说，大家是否都能买到这种肉呢？引起大家哄然大笑。卖肉者只好“平等待人”了。刘达走了，在场者无不钦佩，目送这位不搞特殊化的党委书记。

1981年4月10日至23日，中国科学院高能物理所研究员、学部委员唐孝威先生来中国科大近代物理系讲学，主讲核粒子物理导论。期间经常是上午、下午连轴讲课，星期天也安排座谈和讲课。为节省板书时间，他利用中午休息时间把下午课上要讲的数据、图表抄了满满一黑板。按规定发给他的教学津贴，他也分文不收，还说“来教学是我的职责，理当如此，不能再花国家的钱。”

60级校友陈颙的大学毕业论文是傅承义老师亲自指导的。他的论文题目是：几何地震学的方法及其在掠入射问题中的应用。傅老师告诉他，有一篇关于该题目的经典德文文献很值得一读。陈颙说他不懂德语，傅老师听后看了他一眼，一言未发。第二个星期五陈颙向傅老师汇报完论文完成情况后，傅老师拿出了一个硬皮笔记本，上面整整齐齐地写满了英文。原来，他将这厚厚的72页德文文献完整地翻译了出来。傅老师说：“时间太紧，我只把这篇文献从德文译成了英文，你拿去看吧！”陈颙深深地鞠了一躬，走出傅老师的办公室，半晌无言。

“文革”期间，傅承义先生被划为“反动学术权威”，在“学习班”中接受改造。1975年海城地震后，陈颙在研究所里做一个题为“海城地震前震的特征”报告。会议室的旁边就是傅承义老师等人的“学习班”所在地。报告结束后，陈颙最后一个走出来，见到了在“学习班”门口等候的傅承义老师。原来，尽管他被勒令不准走进报告厅再去搞“反动”的学术研究和宣传，但耳朵还是自由的，他就这样躲在角落里听完了陈颙的报告。“你谈的不一定是所有前震的特征，但这种现象可以用来作为一个信号，表示一串地震中最大的地震是否已经过去。”他小声地对陈颙说。这短短的一句话将陈颙长久以来研究地震时积压的许多困惑一扫而光。

1981年4月11日至25日，70多岁高龄的学部委员、中科院地球物理所副所长兼科大地球和空间科学系主任傅承义先生来校讲学，一再谢绝住高级宾馆的安排，坚持住校内招待所。他说：“我是来讲学的，住在学校和老师、同学们一起，便于讨论问题和工作。”

高分子化学系首任系副主任王葆仁先生对长期的清苦生活一贯安之若素，平日家里总是粗茶淡饭，偶尔要夫人烧一碗红烧肉改善改善。然而1985年8月，他却将晚年疾病缠身、奋力疾书写出的《有机合成反应》一书的稿酬1万元人民币捐赠给中国化学会，设立“中国化学会高分子基础研究王葆仁奖”基金。

1985年春，钱临照接见了一个外国教授代表团后感叹：“我是中国科技大学的校长，经常代表科大接见外宾，他们都是三四十来岁，是我的孙子辈的教授，我们有十亿人口，却只有两鬓斑白的人才能当教授，为什么不能培养三四十岁的教授呢？”

少年班创建初期，有人建议开设物理学导论，年近八旬的钱临照教授亲自挥鞭执教，成为在少年班教授物理学导论的首位主讲。

钱临照院士很重视对年轻学者们进行科学道德的教育，要求他们立足祖国，放眼世界。为促进国际间的学术交流，钱临照一贯重视学习外语。早在“文化大革命”以前，他就主动约请一些年轻教师定时到他家里，热情地给他们讲授英语。即使在“文化大革命”中被“隔离审查”的日子里，他还耐心地对身边的年轻教师进行外语辅导。“文化大革命”刚结束，钱临照就积极组织大家开展刊译国外最新文献的活动，使参加者在外语及专业水平上都有提高。对出国的师生，钱临照与他们始终保持着密切的书信联系，及时向他们介绍国内形势和中国科学技术大学的新貌，并盖上“月是故乡明”的印章赠与他们，希望他们早日学成回来报效祖国。

钱临照院士由于家庭出身和个人经历的缘故，他向往党，但又不敢申请入党。用他自己的话说，就是“自惭形秽”。他经常用这样一句话表达自己对党的崇敬之心：“高山仰止，景行行止，虽不能至，心向往之。”直到1980年，满头白发的钱老终于实现了多年来的愿望，在晚年投入了党的怀抱。

85岁高龄的钱临照院士列席参加了中共中国科学技术大学第六次代表大会会议，开幕式上，当主持人介绍他时，会场上响起了长时间的掌声，以致站起来致意的钱老欲坐不能。休会期间，他说，我是1980年入党的，党龄很短，还要好好学习。

1994年，88岁高龄的钱临照与唐孝威发起并联合34位院士向国家有关部门提出《关于集中力量全面建设、充分利用合肥国家同步辐射光源的建议》，这一建议受到了高度重视。

1998年上半年，9412的学生与钱临照教授开展师生联谊活动，每天有两个同学去钱老家，给老人读报、聊天，讲讲学校的一些情况。钱老曾在给一位亲戚的信中说，我一天中最快乐的时光就是同学们给我读报的一个半小时。

1998年9月20日下午，严济慈铜像在中国科大西校区落成，钱临照先生因体力不支，不能参加铜像落成仪式。21日是个公休日，钱老让他的学生胡升华准备了一束鲜花，从学校汽车队要了车，去给严老铜像献花。参拜过严老塑像，天色还早，知道钱老很长时间没有出校门了，胡升华提议去看看新建的五里墩立交桥，再从三孝口绕一圈观光合肥市容。钱老不安地问司机“可以吗？”司机颇意外：“这有什么不可以，以后想出门转转，招呼一声就是了。”这是钱老最后一次巡视他生活了近40年的城市。

钱老晚年活动不便，卧室和书房合而为一。一次，他给学生胡升华看他最近很吃力地写下的屈原《离骚》中的句子：“吾令羲和弭节兮，望崦嵫而勿迫”;“恐鹈鴂之先鸣兮,使夫百草为之不芳”。怕他不明白,钱老做了解释:崦嵫山是神话中日落的地方,前一句是让羲和停住脚步,不要走近崦嵫山,一走近它,太阳就要落山了……胡升华说,这些句子他写过多次,这一次当是表达对生命的眷恋。

钱临照教授是随科大南迁到合肥的院士之一,他以科大为家,每次从外地出差返回合肥跨进校门时,他总是非常高兴地对身边人说:“到家了。”当他在省立医院得知自己的身体条件不能进一步接受手术治疗,病情已是不可逆转的时候,在病情稍为稳定后,就提出回家的要求,当他知道以他的病况已不能再回到自己居室时又坚决表示,就算回到科大校医院也是“回家”。

1999年7月9日,是钱临照先生93岁华诞,当时他已因病住进校医院将近三个月了,这天他特地嘱咐亲属一定要给校医院每一位职工赠送一份生日蛋糕,以表达对他们的感激之情。

1999年7月26日上午9:40分,在科大校医院三层东南角的一间特护病房里,钱临照教授的心脏平缓地停止了跳动,实现了他自己许下的“故于科大校园内”的心愿。

钱老最后时间住在校医院里,病房中使用的冰箱、彩电、微波炉、轮椅、充气床垫,包括生活护理人员的酬金,甚至病房门口的拖鞋都是钱老自己出资购买和支付的。

吴杭生先生是我国低温物理方面的著名学者,听他讲课的人又高兴又有顾虑,因为他十分严厉,令人生畏。77级学生孔祥鹏回忆说:“上课不久,他就用了一节课时间狠狠说了我们一顿,但他的批评却是击中要害,与人为善,因而非但没有疏远师生关系,反而使学生倍感吴老师可亲可敬，对学生有着高度的责任感。”

吴杭生先生的腿有毛病，站着讲课很吃力。可是他讲课从不坐着，侧身靠在黑板上，一堂课下来，满身沾着粉笔灰。即便这样，课间休息时，他还很热情、耐心地回答学生的问题。

吴杭生先生上课喜欢学生提问，没有人提问题，他便不高兴，不时责怪，说大家不在认真地看书。他多次要学生到他家去讨论问题，说他的家是全天候开放的辅导站。

吴杭生先生治学十分严谨，反对浮而不实。有的学生喜欢读多种参考书，他就用毛泽东的话来教育大家要“学得彻底，用得纯熟”，着重读透一两本书，比如朗道的《统计物理学》要多读、读十遍。为了使学生“学得彻底”，他常把自己的课堂讲授用磁带录下来，供学生检查、补充笔记，还抽查学生笔记，发现错误就加以改正。

数学系李尚志教授回忆：2003年下半年，在武汉大学召开中国数学会全国代表大会。我来到会场，看见吴文俊院士坐在会议厅外的一张沙发上，乐呵呵地接受一位又一位会议代表的问候。我也过去向吴老问好。他对我的问候没有马上反应，似乎在努力回忆什么事情。我想他大概记不起我是谁了，在努力回忆。我就将自己佩带的胸牌显示给他看，自我介绍说：“我是中国科大的李尚志。你到科大开会时是我陪你到西区参观加速器的。”他又想了一会儿，突然冒出一句话来：“你有两篇文章我很喜欢，就是想不起是在哪里看见的了。”这个回答让我吃了一惊：吴老的记性可真好，不是想不起我，而是熟悉得很，连我写的文章都注意到了。我问他喜欢的是我的哪两篇文章。他说有一篇是“指鹿为马”。于是我知道他说的就是数学聊斋二则。我很高兴自己写的这个小文章能够得到吴老的欣赏，不过也猜不出来吴老从哪里看到的这两篇文章。他说他不是从网上看来的,而是从书里看来的,记不清楚什么书了。我的这两篇文章在教学指导委员会办的《大学数学》发表过,后来我问了负责具体编辑这个刊物的老师,他告诉我,当时将这个刊物寄给很多知名数学家了,其中也包括吴文俊。

李尚志教授回忆说,我第一次见吴老是办理通过"百人计划"引进胡森老师的事情。胡森以前是吴文俊的硕士生,他将吴文俊家的电话告诉我,我到吴老家去面谈。我第一次给吴老打电话,让他将他家的小区名称、楼号、房间号告诉我,约定好时间我去见他。他在电话里非常详细地讲如何到他家去:从哪里进小区,看见什么风景,到第几栋楼转弯,哪里再转弯,哪里上楼,第几间房间,……,详细得就好像编写计算机程序一样。我听见电话里有人对他说:"你讲这么多干什么嘛?"吴老回答说:"我不讲清楚人家怎么找得到嘛?"吴老是全国知名的大人物,以前也并不认识我,能为我想得这么周到,我当时心里特感动。

曾肯成教授的"右派"帽子被彻底摘掉后,在我校研究生院创建了信息安全国家重点实验室,成绩斐然。他提出的一些学术观点之先进让国际同行大吃一惊。趁他到美国学术访问的机会,美国的有关方面找上门来,邀请他与美方合作搞信息安全。他拒绝了,回到祖国。尽管他的女儿女婿后来都去了美国,但他再也没有到美国去过。他的观点是:"搞数学理论研究可以与美国人合作,搞信息安全只能为中华人民共和国服务。"

少年班五周年庆祝活动期间,丁肇中教授正在中国科大访问。3月5日,他在合肥稻香楼宾馆与少年班学生代表座谈,鼓励同学们不怕困难,奋发努力。他说,物理,应当是靠自己学。虽然教育很重要,但最后最重要的还是靠自己的创造力。人只能培养一个阶段,最后主要的还是靠自己。他说他发现,学物理的人,不论怎样培养,影响并不太大。

你们看世界上得诺贝尔物理奖的并没有什么很好的培养经历。他一向认为，书本用途并不太大，念书的本领并不太重要。因为，那样最多只能达到写书人的水平而已。所以，最重要的是要有创造力，并不在于把书本知识都背下来。要不怕困难，这是学者成功的主要品质。

丁肇中教授还说，自然科学就是实验科学。牛顿力学、量子力学、量子色动力学等等都是从实验开始的。理论要发展也要靠实验。所以，学物理的人观察能力是很重要的。只不过观察能力不是外加的，是自己练出来的。怎么练？可自己设计简单的实验，或老师出个大一点的题目，在题目范围内想做什么就做什么，即使失败了，也对这个题目有所了解。不过，这得要求学校给以充分的经费。此外，数学多学一点很有用。

1984年，丁肇中先生将中央奖励他的礼品费5000元转赠中国科大，奖励勤奋攻读自然科学的学生。当年9月，学校决定用此款作基金，设立“一年级物理、生物学科奖学金”，每年评选5名，奖金每人50元。

1985年2月，陈希孺教授生病住院，出院后即对他的学生赵林城博士说，今年发行国库券时，为他认购1000元，一次现款支付。因为这次生病是他一生中最重的一次，他说，这条命是党给的，无以为报，认购国库券略表寸心。

1987年8月1日，力学系徐彬教授因肝病昏迷英年早逝，时年50岁。《中国科大》报整版登载了悼念徐彬同志的文章和唁电。学校的挽联是“光明磊落，克己奉公，平凡处显高风亮节；治学严谨，诲人不倦，学问中是博大精深。”

徐彬是个闲不住的人，视工作为生命。他的夫人经常劝他："身体不好，不能多干。"他总是说："病了不能干，病好了也不能干，那我还干不干？"1984年，徐彬出差到北京与煤炭部商讨有关"粉尘工业环境的安全"问题，晕倒在北京火车站。醒来后，人家劝他多注意休息，他说："要是不工作，那还有什么意思！"

1951年，杨承宗教授从法国回国。临行前，他向约里奥·居里夫人要了10克碳酸钡镭的标准源，这是发现镭元素的居里夫人亲手制作的非常珍贵的国际镭标准，是我国开展铀矿探测及电离辐射计量研究的唯一标准计量实物，可以说是回国开展原子能科研工作的无价之宝。1979年9月杨先生将碳酸钡镭标准源赠给了中国计量科学研究院。

张劲夫回忆：当时科学院搞原子能的有两个姓杨的科学家，一个杨承宗，从法国留学回来的；一个杨澄中，从英国留学回来的。他俩的名字有些音同字不同。为了区别，我们叫他们"法杨"、"英杨"，"法杨"是搞放射化学的，当时放射化学很关键。

1979年，在安徽省高教局召开的一次会议上，有个代表在发言中谈到他的孩子只差0.2分没考上大学，杨承宗萌发了利用安徽高校现有师资、设备，创办一所自费走读大学的设想，他打了一个比喻，正规大学挑走了"奶油"，剩下的"牛奶"还可以吃，能不能创办一所大学把这些取走"奶油"的"牛奶"留下发挥作用，不要浪费掉。

1980年，自费走读的"合肥联合大学"成立，杨承宗任首任校长。

1986年秋天，北京召开国际核化学和放射化学会议，久负盛名的法国居里实验室主任莫尼克帕杰丝教授在大会介绍了她最前沿的研究成果后，动情地说："我的第一个启蒙教授是中国人，他现在就在会场，他叫杨承宗。我将永远感谢他！"

1988年，张宗植先生在中国科大设立“张宗植科技奖学金”，在北京召开的颁奖大会上，张宗植说：“解放后的新中国特别看重科学和技术，创办了科大，加强科技教育，培养了很多科技人才，在各地积极参加建设‘四化’的工作，是十分值得赞佩的。”他希望中国科大进一步加强科学和技术方面的教育，培养出大批有能力的人才，为生产的发展、生活的现代化和国家的强盛做出贡献。他说：“不把问题留给子孙，我们自己一代来把问题解决掉，下一代有更新的问题，更新的科技等待他们去开发。”

8910的周周在《我与老师》征文中介绍教授高等代数的周永佩老师的故事：“上先生课时有些不明白的地方，只得下了课悄悄地问先生。见着先生，却又羞怯，总说不出话来，常常要比划半天。先生却极有耐心，总是微微地笑着，听着我不连贯的叙述，等我讲完了，才从各个方面给我分析讲解。有时，他会拿出讲义，让我看他的思路。”

“先生的讲义常常是几页洁净的白纸，很简捷地写着一些公式的推导和证明，一层层极为清晰和明了。再看自己的几大页几大页思维混乱的笔记，心里真是好惭愧。后来便不想记笔记，想向先生借讲义抄，没想到，先生像是明白地说：‘不可以。’然后便颇有些痛心地看着我，那眼光仿佛是无数责备的话语。……过后先生和我在校园里走了长长的一段路，指点我如何记笔记，并指着图书馆说，在那里最重要的是求实，而绝不可以有半点的投机取巧！”

“先生那时在课堂上提倡质疑，有时甚至专门空出两堂课让我们预习、提问。我当时便想尽办法多提点问题，有时甚至很幼稚，但先生却总是耐心地回答。后来，他又提出要我们自己试着回答自己的问题。几次训练后，便极有收益了。有一次一位同学竟找出课本上的一个定理的证明错误，先生便兴奋极了，一反往常儒雅的风度，不住地表示自己的欣喜，那眼光更是极欣慰。”

“先生那时住的房子还是漏雨的房子，所以总是在教室里答疑解难。当时一教的灯颇暗，先生便多次与校方交涉，直到灯火通明，而他自己家的房子却依旧雨水长流。”

1997年9月，何多慧院士获得了我国科技类奖励中奖金额度和知名度均为最高的奖项之一“何梁何利基金科学技术进步奖”，获奖金15万港币，成为科大获得该奖的第一位科学家。9月24日，何多慧院士从香港获奖后载誉归来，带回了15万港币的支票，全部捐献给了学校。9月30号，校务工作会议讨论正式批准设立“中国科学技术大学何多慧院士奖学金”。

35周年校庆期间，赵忠贤院士回母校，在给学生作报告后，受到了明星般的追捧，众多学生围着他签名。赵忠贤面对同学们的热情，干脆找了个地方坐下来，一一满足大家的要求。签名结束后，有位女生说：“赵老师，我能和您握握手吗?”这时候，校刊记者写道，赵老师转过头来，笑吟吟地看着她，伸出了那双“创造出高Tc110K的手”。

赵忠贤1987年作为美国物理学年会的四个大会发言人之一，代表中国演讲。他说：“直到那时我才终于体会到了我们的运动员在夺得金牌、看到五星红旗升起之后为什么会流泪，因为我不是代表个人——个人的名字并不重要——我是代表中华人民共和国在这样的一个世界最高级的学术会议上发言，我感到作为一个中国人的骄傲。”

对曾经在中国科大从事的教学工作，吴文俊院士说：“我认为教学对我本人大有益处。以前我对代数几何不太懂，在科大任教时就主动要求教这门课，通过教学来学习，这些知识在我以后的数学机械化研究中成为一个生根的工具。这是我开始没想到的，是意外的收获。”

在我国首批获得博士学位的18名博士中，赵林城、苏淳、白志东3

人都是陈希孺院士一手培养的。赵林城回忆说："我的第一篇文章，陈老师帮我修改多次。""我最初写的几篇论文，有些题目就是陈老师给的，有些是在他主持的讨论班上自己找的，有些则是他的有关工作的推广或改进"。陈院士的工作对学生都是公开的，研究结果刚刚做出来，学生就能读到，这为学生步入研究领域提供了极为有利的条件。

面对令人生畏的行列式，李尚志教授笑着说："它像一个 monster（怪物），令人害怕，让我们消灭它，把它变成自然易懂的东西。"在教授学解线性方程组前，他说："我只需教你们三招，也就是三种初等行变换，有了这三招，你们就可以打遍'武林'。"

王术教授晚年转为肝癌后，依然乐观，积极治疗、积极锻炼。他说，希望通过自己的病能为医学做贡献。直到后来，病情恶化，他知道难以救治时，拒绝用好药，他说，学校经费紧张，不要为他浪费了。

第二届"国家教学名师奖"获得者陈国良院士 30 多年来，一直站在教学第一线，从 20 世纪 70 年代开始，他先后主讲过数字逻辑、计算机原理、微机和汇编、计算机网络等专业课程。他采取多媒体课件、投影仪、ppt 文稿、开辟教学网站等多种形式和中英两种语言，重点讲解基本原理，并及时吸纳学科前沿知识和国际同类教材中先进内容，因此学生听得津津有味。他的学生说："陈老师讲课生动，让人能全身心地跟随着他进入并行的世界里漫游，丝毫感觉不到枯燥，把科学的魅力展现得淋漓尽致，这是很少见的精品课程。"

邓国华和童秉纲院士、孔祥言老师合作编著《气体动力学》，童先生是主编，他逐章审定书稿。记得有一次，针对一个小差错，童先生在寄回书稿中专门夹了一封信，信中写到"做事应该非常严谨，出书应该要对读者负责！"在他的严格要求下，这本书被国家教委评为优秀教材一等奖和科技进步二等奖。

阮图南教授上高等电动的时候，讲到洛仑兹变换速度变化，细细地将推导的每一步都写在黑板上，有将近两黑板，这时候他得意地对学生说：“我这个老师最好了，不像别的那些‘二百五’，什么都不讲，直接给结果。”

上阮图南教授的课很轻松，每节课点名，只要不缺 5 次以上的课就行，而且分数一般不会少于 90。从来不考试，后来学校要求必须上交考卷存档，于是每学期的最后一次课，阮老师就会说，今天你们认真记笔记，把笔记交上来就是考卷了。先生给学生印象最深的一句话是，他不会靠考试难为同学，学习是自己的东西，你没有学到，已经是最大的惩罚了。

张懋森教授是训练有素的科学家，他在去外地出差时，经常是最后一分钟赶上了火车或者飞机。但是，在旅途上，他却能从容不迫地打开文件箱，全套办公用品全在那里，一件也没有丢。和他一起出差的年轻人，如果少了支笔、缺一张纸，一定都去找他。箱子里什么都有：从思想、哲理、为人之道，到针头线脑、电器修理工具、裁纸刀、急救包。

张懋森教授的老伴在“文革”中受刺激，晚年病情日益严重，坐在轮椅上，精神和生活都不能自理。于是，张教授决定从学界隐退，一心一意地照顾她。为了免除她对精神医院的恐惧，他坚持自己在家里照顾她。最终倒在老伴的轮椅旁，以生命诠释了“相濡以沫”的涵义。

1991 年 4 月，著名美籍物理学家、中国科大客座教授任之恭先生把自己多年来收藏的 440 本书刊和他自 1946 年至 1972 年 20 多年间亲自做的物理实验 21 本记录手稿寄赠我校图书馆。展示期间，一位物理教师一连两天泡在展览室内阅读手稿笔记，并认真做笔记。北大的一位老师出差到我校，放弃了市内游览的计划，把空余时间全部泡在展览厅内。学部委员钱临照教授专程从医院赶来观看展览书刊，并不顾身体的不适，热情地向读者介绍任之恭先生的生平经历。

任之恭教授捐赠时说："本人于20余年中所作的实验记录，赠与中国科大惠存，觉得其价值极微，于心有愧！我请教过一位华裔从事科学研究的友人，他认为对国内青年同学，可能有参考记录方法的用处，我就依其意一试，恳求科大朋友们谅解。"

2003年，数学系教授李尚志被评为全国首届"国家级教学名师奖"，他写诗表达心声："人言蜡烛悲，泪尽化为灰。我谓蜡烛荣，舍身化光明。"他说："有人叫我李博士、李教授，都不如叫我李老师更让我感到亲切。"

2003年9月18日，学校隆重举行郭永怀先生"两弹一星"功勋奖章捐赠暨首届郭永怀奖学金颁发仪式，学校创建者之一、化学物理系首任系主任郭永怀先生的夫人李佩教授专程从北京护送郭永怀先生获得的"两弹一星"功勋奖章到科大，将其赠送给学校校史馆永久珍藏。

2008年9月20日，中国科大建校50周年纪念日也是史济怀教授从事教学50年的日子，他是伴随着学校的创建开始教学生涯的。1958年，刚从复旦大学数学系毕业的史济怀被分配到科大工作。"记得很清楚，我是9月20日到科大报到的。那天，正好是开学典礼，郭沫若校长陪着聂荣臻元帅往礼堂里走，我跟在后面就进去了。"自那以后50年的教书生涯里，史济怀记得自己只缺过两堂课。"嗓子哑了，完全发不出声音，才请了病假。"2009年，在第25个教师节来临之际，史济怀教授获得了教育部"第五届高等学校教学名师奖"。

2008年9月20日，中国科学院院士、地球与空间科学学院教授李曙光将自己的奥运祥云火炬捐赠给校史馆收藏。他说："奥运火炬代表了奥运精神。我认为，奥运精神与科大精神有相同之处，那就是追求卓越，勇攀高峰的精神。"

为纪念我国著名的物理学家和教育家严济慈先生，经国际天文学联合会小天体命名委员会同意，将国际永久编号为第10611号小行星命名为"严济慈星"，该小行星是由中科院国家天文台1997年发现的。"严济慈星"命名仪式于2012年5月28日在北京举行。

花开的声音——中国科大的那些人那些事

第五 科教

张劲夫说，当年科大初创时，科学院各个研究所用最好的设备、最新的成果来装备学校。让学生有机会参加最新的科学实验，因此科大分成了两部分，前三年基础课在玉泉路，后两年专业课在中关村。

“所系结合”在老师和学生中营造了一个浓厚的科研氛围。02系黄有莘副主任曾在系里推行“拜师活动”，选拔一些尖子学生，提前到研究所对口拜师，这些学生经常去找研究所的导师，聆听他们的教诲、进行研究工作。黄主任主张学生要经常到研究所的实验室去，他说：“去闻闻科学的味也好”。

郭沫若说：“我们是有各种极优良的条件的，科学院各研究单位的优秀专家都来担任教师，我们的同学是经过严格挑选的中国人民的优良的儿女。院与校是一家，院的各个研究单位、各个附属工厂，都是我们的活动场所、我们的实验室、我们的战场。我们既‘没有负担’，又能心情舒畅地按照共产主义新教育制度来办好我们的学校。”

开学一个星期后，无线电电子学系同学反映听不懂数学课。这个系171名同学中，有15位工农速中同学，数学基础比较差，绝大多数同学的数学水平都在中等以上，但全系仍有70%的同学感到困难。系里组织数学课师生座谈会，到会的数学教师张先诚先生对70%学生听不懂课感到吃惊，说“我真没想到同学们对很多符号不懂，真出我意外。”后来，他决定在课堂上采取“边讲授边提问”的方式，共性问题当堂解答，个别性问题课后单独解答。

刚建校时，科大生源大部分来自优秀的高中毕业生，也有小部分来自优秀工人的调干生。调干生的学习基础比较差，班级就组织他们与学习好的同学建立互帮小组，帮助他们提高学业。当时的口号是：“绝不让一个阶级兄弟掉队”。

据59级校友余翔林回忆，他的同班同学吴坚武学习非常好，上高二时赶上中国科大成立，就给郭沫若写了封信，说他因为对科学的仰慕和热爱，希望能够不经过高三毕业就直接参加高考。这个大胆的想法，居然得到郭沫若校长和科大的认同，结果他提前一年参加了高考，如愿以偿考入原子核物理和原子核工程系。

1958年入学的02系学生阮耀钟曾在建校45周年时写了一篇回忆文章，题目便是《科大艰苦奋斗的校风使我终生受益》："当年北京若有游行或集会，一眼就能认出哪支队伍是科大。科大学生穿得最差，然后差不多每个人都带本书，你走的时候，一会儿拉着往前跑，一会儿又慢下来，只要停下来，都在看自己的东西，这就是科大。"

杨承宗教授回忆说，开学一个月，社会上刮起教育革命风，大字报出来了。我们兼课教师莫名其妙，停课了。郁文书记向郭老请示，郭老讲，在学校里，学生就是要读书；学习也是为了革命。郁文同志回校立即布置上课。1958年，从夏到冬，从院部到玉泉路，计划—兼课—停课—复课，使人难忘。

1959年10月1日，党委副书记张新铭在中国科大校刊发表文章，指出："教师要想较好地发挥教学活动中的主导作用，要想使学生真正自觉地、情绪饱满地听课，就必须好好备课，了解同学，倾听同学反映，主动地适应同学，勤恳地深入到同学中去辅导答疑，并不断自我进修，不断提高自己的学术水平。教师的主导作用，除了要把课备好讲好之外，也要把指导同学学习态度、学习方法、培养独立学习能力方面的职责担当起来，这方面的活动包括结合教学的思想工作和政治工作，这方面发挥了教师的主导作用，就是做到了'教书'又'教人'。"

张新铭说："在师生彼此适应和合作的问题上，在正常的师生关系的建立上，教师应当是处于主导地位，起主导作用的。但这并不是说学生方面的作用就可忽视。就学习活动主要是一种脑力劳动过程、是一个思维过程这个特点来说，学生的自觉性，学生是否勤奋艰苦地学习，常常是决定教学质量的重要因素，连教师主导作用能不能发生效果，也在很大程度上取决于学生对教师、对学习的思想和态度，在教师的地位上，不应看轻自己对教学活动和学生学习效果的主导作用，看轻了，就容易错误地懈怠和推避自己的责任。但是在同学的地位上，却要更加看重自己勤奋学习、刻苦钻研对保证教学质量的决定作用。在这种意义上，宁可认为老师即便教得差一点，只要自己勤奋刻苦地学习钻研，还是可以学好的。因为天下的教师并不能每个都使人满意，教师们除了存在一些能较快地克服的缺点之外，还有一些无法很快克服的缺点，甚至有一些很难克服的缺点。总之，在教的质量有缺点时，同学们除了反映意见争取改进之外，一定要更加注意发挥同学们自己的自觉精神和能动性，更加注意锻炼教师教导帮助下的独立自学能力，这样才能弄懂不懂的东西，克服掉学习中的困难，才能更好地保证学习质量，使学习不受到损失。同学们的学习状态不应成为单纯被动接受知识，而应当主动地探求和夺取知识，这样求得的知识才真扎实、真有用，才真能达到较好的水平。既然许多有学问有本领的人，在无人教导帮助、单靠刻苦学习，都能求得很好的学问、练下很好的本领，为什么在'师友满堂'的优越环境中倒无法学好呢？"

中国科大重视基础课教学。建校时本科五年制，教学计划规定，前三年主要是学习基础课，后两年才学习专业课。从学时比例来看，基础课占54.5％(其中基础理论课占32％，专业基础课占22.5％)。不论什么专业，都必须学习好数学、物理、化学等基础理论课。

建校初，中国科大的高等数学训练十分严格，一般的系都要学习两年半。担任讲授这门课的教师有华罗庚、张宗燧、吴文俊、张素诚、关肇直、秦元勋等著名数学家。他们亲自编写讲义，还在教学过程中编写出适合教学需要的高等数学教科书。

1958年，华罗庚给应用数学系一年级的学生上课，王元、龚昇、吴方、许以超协助，被称为“华龙”；1959年入学的应用数学系学生的基础课由关肇直负责教授，常庚哲加以协助，称为“关龙”；1960年入学的应用数学系学生的基础课由吴文俊负责教授，李淑霞加以协助，被称为“吴龙”。“三龙”并舞，一时传为佳话。

华罗庚先生为数学系讲高等数学，他认为学数学的大学生应该学哪些高等数学，他就按照这个需求来安排课程，他的课程总结出来，就是高等数学经典的著作。

华老讲课善于运用启发式，把深奥的理论讲得通俗易懂，令人耳目一新。由于他强调数学各学科之间的内在联系，因此当时科大数学基础课统一成一门课，共计三年半时间，这种体系被称为“一条龙”教学。由于华老等一大批科学界老前辈带头讲基础课，从而形成了科大重视基础课教学、越是名家越要上基础课的好传统，并一直沿袭至今。

数学教研室主任关肇直先生承担应用数学专业一年级高等数学的教学工作，他的助手、现已退休的常庚哲教授认为，他讲课贯穿了辩证法，用历史唯物主义的观点来阐明数学的发展。他所编的教材的每一章开头，都有一个“引言”，概述本章所涉及的内容是如何由生产实际的需要而产生、发展的，并引用实际科学问题的例子来解说，教学效果好，很受同学欢迎。

中国科大对普通物理课的要求也很严格。担任讲授这门课的有吴有训、严济慈、钱临照、张文裕、陆元九、李整武等著名物理学家。严济慈先生是一位循循善诱、诲人不倦的老教师，他的课深入浅出，明白易懂，碰到一些复杂而又抽象的定理时，总是借用一些浅显的例子来帮助同学们理解，对一些难懂的部分总是反复讲解，直到同学们都满意地微笑了，才肯休息。他除了上课外，还经常给青年教师传授教学经验。如讲授电介质部分，助教在辅导时讲不透，他就利用晚上的时间给物理教研室全体青年教师作了一次示范教学。

60级学生陈颙回忆严济慈、傅承义先生上课时的情景："这两位老先生都有一个共同的特点——从不准点下课，前者历来都晚下，后者恰恰相反。他们的不准点在学校中也是出了名的。严济慈老师教课自有他的一套路数：古今中外，深入浅出，把科学发展史、科技人物活动与科学知识紧密相连，妙趣横生，一讲就是几个小时，让人忘记了时间的存在，但这也苦煞了食堂的大师傅们。每逢严老师讲课，师傅们总是会做好午饭延长一个小时的心理准备。傅承义先生善于把问题简单化，再复杂、抽象的道理经他几句讲解后，总会有拨云见日的感觉；棘手的物理实验经他几个轻轻的点拨，顿时也会明朗开来。两学时的课，他往往会提前十分钟下课，偶尔还会更早些。多年以后，我居然也继承了傅先生的不准点传统，并有青出于蓝而胜于蓝的趋势。"

钱临照先生最初给同学上课的一个月里，大部分同学反映听不懂。他就用全部休息时间跟教师们一起研究，到同学中去征求意见，摸清学生的底，反复研究高中和大学里用的物理教材。他知道同学们还没有学过高等数学，上课时讲到那些要运用高等数学知识才能理解的物理运算时，他就干脆连数学也一并讲了，让同学们能够听懂。

为了讲好课，钱临照先生经常备课到深夜，每次上课前一个晚上还要重温一下讲义，甚至连上课前的几分钟，也要再看一下。有时候，他还把备好的课先讲给大学毕业不久的女儿听，征求她的意见。所以，他讲起课来语言精练，逻辑性强，有些公式的推演，物理概念的引出，不但易于为同学所接受，而且形式和过程往往比书上简单、明了。

化学课也很重要，即使非化学系专业也要学习一年。力学和力学工程系主任钱学森讲，我们对化学的要求是：学生毕业后在未来的工作里，遇到有关新材料而不感到太神秘；遇到某些较为复杂的工作过程而不至于感到难以下手；遇到生产中提出的新问题而能熟练地充分利用已有的成果，就必须对化学课给以足够的重视。担任化学课讲授任务的有王葆仁、杨承宗、梁树权、钱人元、朱秀昌等著名化学家。

基础理论课的教师大多数是中国科学院的高级研究人员。中科院副院长吴有训为了上基础课，说："我虽然将近二十年没有任教了，但是党交给我的教学任务，我一定好好完成，把我的知识传授给青年一代。"

力学系58级一位校友回忆说："我记得入学不久，第一次开全系大会时，钱学森主任给我们同学讲话。他说，他给我们请来了几门重型大炮，这是指他为我们请来了几位大师级人物来上基础课。严济慈讲普通物理，吴文俊讲高等数学……"

吴文俊教授上课，板书极美观，边写边讲，极少看讲稿。两块黑板从左上角写到右下角，满了擦掉，再来一遍，就到下课了，时间掌握极准。

1958年起，严济慈参与创办中国科大并登台授课，给几个系数百名学生在礼堂讲授力学和物理，每周三次，每次两小时。这样的大课他连续讲了六年。他的课深入浅出，生动传神，而且讲到兴奋处经常"拖堂"。他的一本本字迹工整的备课笔记现存校档案馆，观者无不感动。

59级余翔林校友回忆:61年到62年时,严济慈给我们上了一年的电磁学。严老把电磁学和电动力学两门课程打通并作一门课程来讲,不是教完全部普通物理再上电动力学,电磁学后面就接着电动力学,教材也是他自己编的。严济慈讲课非常有艺术而且生动,逻辑性非常强,科学概念严谨。不过他经常拖课,九点半上课,有时候拖到十二点半下课,那时候正好是困难时期,肚子饿得咕咕叫,到食堂去吃饭就没有菜了。但是同学们没有怨言,觉得能听到严老讲课很幸运。

65届校友叶家福回忆,严济慈老师教物理主要是教方法、概念,他说:"我教物理,把它们像和面一样联系起来了。"严老要求我们在学习中要像撒渔网一样,撒得开,收得拢。

叶家福当时在上海技术物理研究所从事红外线的物理技术研究,工作中向严老请教"被动式红外雷达的通用描述方程的推导"。严老在信中指点他:"把扫描光点想象成光笔,不管光电如何移动,怎样扫描,看光点在圆盘上划出的轨迹即可。"经过严老的指点,1973年他推导出红外跟踪系统的通用描述方程,1974年成功地运用在调频红外跟踪系统中,该项目1980年通过院级鉴定,1983年获中科院科技成果一等奖,1985年获国家科技进步特等奖。

严老在信中鼓励他,什么东西都从无到有,只要原理行得通,方法对,总可以解决研究成功的。严老在课堂上经常教导学生说:"科学上切忌夸夸其谈,不要眼高手低,也不要操之过急。你白金丝拉得好也可以成为这方面的专家。"

建校初期,钱学森为近代力学系58级、59级主讲"火箭技术导论",听课人数400余名,每周上1次课,每次3学时,钱老时年50岁。该课程后来改名为"星际航行概论",并编写专著,为科大学生专用教材。60级上此课时,钱主任讲了重点章节。他还为化学物理系58级主讲"物理力学”,59 级上此课时他又讲了基础理论部分。《物理力学讲义》原著英文版,是他在美国编写的。为了培养科大学生,在他主持下该书译成中文出版,作为科大学生专用教材。1963 年 9 月钱学森在学校招收、指导研究生。他在为 58 级、59 级学生作“如何撰写毕业论文”的报告中,提出了“三严”(严肃、严密、严格)作风,影响了几代科大人,成为科大优良学风的重要部分。

59 级技术物理系的量子力学是朱洪元先生讲的,当时不光是物理系,其他量子学专业的人都去听他的课。当时学校领导说,量子力学的概念对于大学生是很难接受的,所以要找最有本事的科学家来讲,他就是朱洪元先生,如果听不懂,那是你们自己的事,他是不会讲错的。58 级同学的固体物理学是由钱临照先生讲的,59 级当时课程里最重要的位错理论部分、电动力学和电子学是由严济慈先生把它们结合在一起教授的。

钱学森讲物理力学,这在高等教学大纲里面是没有的,实际上中国第一个物理力学课是钱学森先生提出来的,并由他亲自主讲。当时他讲课时,不同年级的学生都去听,其他学校、研究所的人员也去听,他的讲义后来成了经典的教材。

钱学森知识渊博,课讲得非常棒。他的板书非常好,语言也精炼,讲普通话,声音也洪亮,几百人听课,开始他用麦克风,后来他不要了,因为当时的话筒都是有线的,不方便。40 人听课和 120 人听课是两码事,120 人听课你声音就要大一点了,四五百人的课要没有麦克风根本都无法进行,钱学森便放开嗓门,字写得很大,板书非常工整。

58 级力学系校友黄吉虎回忆钱学森给他们上课时说,课上完以后考试,试题共两道题,一道概念题,30 分,能够得到 20 分的大概没问题,得25、26分就难了，拿到30分是不可能；第二道题很简单：从地球上发射一个火箭，往太阳边上转一圈再返回到地球，列出方程求出解。没有给出任何条件，就凭上课时候记的东西：比如地球的质量、太阳的质量、月亮的质量、地球运行的轨道等。从早上8点半开始考，一直考到下午6点。考出来以后，大概90%多的学生卷面分数不及格，然后把平时的测验题和平时的作业加在一起综合评定一下后，75%的人及格了，大概还有25%要补考。这个成绩使钱学森先生觉得学生的数理基础知识学得还不扎实，因此他建议，学制延长半年加强数学基础知识学习。在那半年时间里，主要一门课就是数学，从极限开始一直到数理方程，每天老师讲完课就做题，做完题老师再辅导，每个人大概是做了3000道数学题；还有一门课是工程中的数学方法，教材是钱学森和他的一个师弟写的书，很难，童秉纲主讲，关于应用方向。一般的积分题一看就知道怎么解，搞力学的确实是数学用的很多，而且出来的都是大的数理方程，解方程都是一大串一大串的，主要是训练能把一个工程的东西转化成一个数学的东西。于是力学系58级的学生在学校读了五年半时间才毕业。

58级01系的学生开学的第一堂课就是赵忠尧系主任讲解01系所设专业及其内容。他勉励学生“勤奋学习，打好基础，攀登科学高峰，培养成为祖国有用之才”。

赵忠尧先生教“核反应”课程，光是讲“核反应截面”就用了两节课。他说，不要以为浪费了时间，基本概念扎实才能终生受益。

作为一个实验物理学家，赵忠尧先生十分重视实验技能和方法的培养，理论联系实际，手脑并用作风的培养。为此，他和梅镇岳老师，在短短的时间内，在十分困难的情况下，建立了一个门类比较齐全的核物理实验室，使同学们在核探测技术、电子学、数据获取与分析等方面受到了良好的训练。

高分子化学系首任系副主任王葆仁当年上有机化学课，第一堂课就申明："学我的有机化学，没有100分，80分就是高分。"

王葆仁院士讲授无机化学课最大特点是他的板书，上课时他在黑板的这个地方写一个分子式，一会儿又在另一个地方写上一个分子式，学生一定要跟着他在这中间留下相应的空间。随着讲课的进行，王先生会把不同地方的分子式、公式和有关文字一一串联成一幅完整严密的科学图像。他从不说多余的话，出口成章，他也从不写多余的字，因而也从不擦黑板，两节课下来正好是满满一黑板，听课成了学生的一种"享受"。王先生讲课的另一个绝技是对上课时间的掌控，每每他说这堂课就讲到这里了，下课铃声会应声而响起，令人叫绝。

王葆仁先生每学期都举行3次不预先通知的测验，3次测验的成绩都在80分以上者，就能得到免予大考的殊荣。一个班只有一两位同学可以拿到。所以，上他的课同学都很紧张，3次考试都是突然袭击，往往是王先生讲了10分钟之后才知道要不要考试。

1960年寒假的头一天，中国科学院数学所所长兼中国科大应用数学系主任华罗庚在礼堂给同学们讲"数学的妙用"的报告。他告诉同学们在学习中必须学会独立思考，因为"在今后从事科学研究时，有书有老师的时间是短期的，没书没老师的时间是长期的。"

建校之初，由于学生知识基础不齐，多数老师是中国科学院各研究所人员兼任，教学经验不足，因此，不断交流学习教学方法，提高教学质量成为学校一项重要任务，观摩教学就是一种办法。一次，严济慈先生公开讲课，并介绍经验道："将一本小说搬上舞台需要加工，因为看小说可以间断地看，慢慢地体会，而在舞台上则要在短短的几小时内将小说中最重要的和最突出的、感人最深的东西反映出来。一个教师也就要像演员一样，要使学生在很短时间里掌握书中最重要的内容。因此，教学是一个提炼蒸馏的过程，教师不仅要给同学知识，更主要的是教会同学做学问的方法。”

中国科大师生一直十分重视外语，刚建校时，很多系主任、知名教授都是中国科学院的主力骨干。他们大部分有出国留学的经历，外语特别好，像化学系梁树权先生的讲义是用德文写的，担任辅导的助教需要花时间去搞懂它。有些老师在上课时，时不时会夹杂讲一些英语，你不会就得琢磨。与外语打交道多了，慢慢地，也会熟悉起来。老科学家在科大成立时就期望着学校能与世界接轨，语言交流是个很重要的工具。如果你不懂外语，深层次的交流肯定是不行的。

建校时，中国科学院一个编译局解散之后，绝大部分人员都到科大当老师。他们之中有一流发音的，有一流翻译的，有一位老师还曾经给国民党的要员当过翻译。当时科大外语教员的水平在北京所有高校中是最高的。

1962年夏天，郭永怀要在中国科大开设“边界层理论”课程，但当时没有教材，他亲自同助手们一起一丝不苟地编写讲义。他几次放弃休假疗养的机会，经过几个月的艰苦努力，终于编出了第一流的《边界层理论讲义》。

学校创建时，地质研究所所长侯德封出任建校筹委会委员，担任地球化学和稀有元素系主任，并亲自登台授课。根据学科发展和实际需要，他主张宁可压缩学生的地质基础课程，这可以在以后工作实际中补课，也要打好数理化的坚实基础，一定要练好新兴实验技术的基本功。

他常对学生说:“地学既是一门自然科学,又是一门实验性很强的科学,任何心存侥幸都是徒劳的。”他要求学生努力做到“厚实、善思、耐劳、标新、敢为、谦虚”。

傅承义时常告诫学生:“做学问要注意三点,一是博览群书,知识面要宽、要广,这样在遇到问题时才能触类旁通;二是善于归纳,通过归纳可以发现问题,解决问题;三是要独立思考。”谈到独立思考,他特别强调:“对于书本上的东西不可不信,但又不可全信,信与不信都要经过自己的独立思考。我认为看书要多‘挑剔’,‘挑剔’本身就含有创造的意思。”

58级化学系的数学属于乙型,由越民义先生主讲,他是华罗庚先生的大弟子,上课从不带讲稿。那时候,他仍穿中式长袍,一上讲台,挽一挽袖口,拿起粉笔就讲起来,从来没有闲言碎语。讲课内容较深,再加上浓厚的贵州口音,使直接从高中考来的学生听不懂,那些从速成中学来的调干生更是如腾云驾雾,丈二和尚摸不着头脑。这可忙坏了辅导的史济怀老师,每天晚上都在自修教室内陪同学们复习功课。

由越民义先生主讲的化学系数学课的期末考试原定两小时,但到吃中午饭时,无一人交卷,老师只好宣布先吃饭再继续考。大家到了食堂,静悄悄地闷头吃饭,谁也不交头接耳,原路返回教室继续答卷子。刘清亮回忆说,我记得我是第二或第三个完成交卷的,已是下午3点多钟。在老师的催促下,晚上7点多才把所有的卷子收齐。事后听说,试卷给北京大学的教授看,他们一致说太难了。

赵九章先生兼任中国科大应用地球物理系主任以后,一直关注着科大的发展。1962年10月,赵九章给中国科学院副院长张劲夫、副秘书长郁文写信,信中写道:“我院办有科技大学,将来亦必逐渐加重研究生的培养，在我院开办研究生院之前，是否可以考虑我院及科大的具体情况，逐渐采取一些措施，为我院开办研究生院做好准备。”他还就研究生入学试题、研究生课程讲授、研究生毕业考试及论文答辩等方面提出了具体建议。

1963年5月，赵九章再次致信张劲夫副院长、武汝扬副校长，提出可以先办研究生班，后建研究生院的建议。信中说道：“科大已经办了五年，教学基础已逐渐建立，我校的特点有二：一是有较多的科学家从事科研第一线工作；二是各所都是国家的重点研究单位，有较好的大型实验设备。因此我们必须充分发挥这两个特点，逐渐把重点放在研究生院，让研究生院成为我国培养研究人员的一个中心。但是考虑到成立研究生院事关重大，不是短期可以解决的，因此我们建议在地球物理系内先试办研究生班，请学校代为解决外语及有关基础课程的开设或旁听等问题，地球物理所解决某些专业的课程和专题报告等。本所现有研究生9人，今年暑假后招生6人，共15人，可以组成一个研究生班，由所系共同负责试办，取得经验，对将来成立研究生院会有帮助。”张劲夫副院长再次批示并请科大提出创办意见。1964年5月，中国科技大学召开第20次党委常委会议，决定开展研究生院筹备工作。后来由于“文化大革命”的干扰，研究生院创办工作中断。

1965年，刘达、钱志道、包忠谋等提出“科学研究是科大的生命线”的口号，开始支持筹建半导体、激光、高速空气动力学、微波等新型科学技术方面的实验室。

1976年唐山大地震后，首都闹“煤荒”，而由于运输堵塞，大同有100万吨煤积压着无法运出。当时，中央、山西省和铁路部门同时派出了6个工作组到口泉站都不能奏效。华罗庚闻讯后，带着科大65届毕业生计雷赶去，经过调查、计算，使口泉站仅有700车/天的运输能力一下子提高到1080车/天，提前一个月运完大同的100万吨煤，保证了首都的煤炭供应。

1966年，58级校友高登义参加了我国首次对珠穆朗玛峰地区的综合科学考察，此后，他六上珠峰。1984年冬至1985年春，他应日本国立极地所邀请，参加了日本第26次南极考察队。1988年，他第二次去南极，筹建中山站。1991年，应挪威卑尔根大学邀请，他又踏上北极科学考察的征程，成为我国科学考察地球三极的第一人。

余翔林是第一批随学校南迁合肥的青年教师，很快就成为教研室的负责人。他谦虚地说，这等于是山中无老虎，猴子称大王。为什么我们那一代的科大教师成长得快一点呢？北大、清华的教师有他们的优势，但是他们上面的老教授太多了，要想冒尖出来的话，就要经历漫长的历程，先当助教作辅导、然后上辅导课、习题课，再从事一点科学研究，还不能做主持人，只能做一般的成员。我们这里没有人主持，只有年轻人自己做，我们都决心在艰苦的环境中磨炼意志，一定要让科技大学像凤凰涅槃一样恢复元气，重新崛起。

改革开放初期，中国教育经费缺乏，学生出国留学渠道不通。为了加速国内人才的培养，1979年，诺贝尔奖获得者李政道教授提出了CUSPEA计划（即“中美联合招考物理学研究生项目”），并得到邓小平、胡耀邦、方毅等国家领导人和周培源、严济慈、钱三强等多位专家的支持。每年通过严格的考试，组织100名左右中国学生到北美地区80多所大学的物理系（包括了美国所有最好的大学）留学。10年间，中国向美国大学先后派遣了900多名物理类研究生，其中科大考取的人数最多，共237名，超过了总录取人数的1/4，居全国高校之首位。其中228名为77级以后的学生，8名为“文革”前的老五届，1名为76级学生。录取的学生来自学校的9个系，以02系、04系的人数最多，分别为91

人、98 人。各省的生源中以江苏、安徽、浙江、四川人数较多，分别为 42、25、25、22 人，少年班学生就有 27 人被录取。

在 CUSPEA 考试中，中国科大每年有二三十位学生被录取，而且在前十名中总要占有五到六个席位。北大负责 CUSPEA 培训班的老师曾来科大做过调研。他们对科大的老师说："你们科大不仅可以组织一个 CUSPEA 的培训梯队，而且还可以组织两至三个梯队，培养三帮学生。你们的师资队伍实在强大。"

由于科大学生基础扎实，外语水平高，在各类考试的科目中取得了优异的成绩，所以本科生出国的热潮不减，出国率在全国高校一直名列前茅。人们常说："中国科大的名气在国外比国内响"。很多朋友是从国外开始了解科大的。

1980 年招生统计信息表明，中国科大在 27 个省市自治区招收 529 人(不包括少年班)，其中男生 437 人，占 82.6%，女生 92 人，占 17.4%。有 22 个省市的录取总分为在该省市招生院校的第一位，有 16 个省的高考状元被科大录取。

1980 年底，学校决定从下学期开始在全校范围内试行学分制，将课程分为公共必修课、系定必修课、限定选修课、任选课四类。在总学分中，前两项占 65%，第三项占 20%，最后一项占 15%。学生在校五年里必须达到的最低学分为 500 分。

为加速培养人才，学校从 78 级、79 级新生中选派 119 人出国留学，其中男生 112 人，女生 7 人，他们分赴德国、日本、美国、法国、比利时、荷兰、丹麦、意大利、墨西哥、罗马尼亚、瑞典等国。

1981年3月12日，首届“郭沫若奖学金”授予15名同学，获奖者每人获得银质奖章一枚，证书一件，奖金200元。这15名获奖者是邓立、王宇戈、毛润生、付敏跃、刘刚、吴奇、李卫平、李振勤、邱建伟、张一荃、胡冰华、唐明、翁晓卫、彭小维、韩思远。

1977年恢复高考至1993年，中国科大在全国29个省市共招收了12 217名学生，前后共有27个省市的140名理工科第一名考取了科大。1980年有16个省市的第一名被科大录取。

1981年4月，中国科学院副院长、学部委员、中国科大副校长华罗庚教授邀请了王元、杨乐、张广厚、叶彦谦、龚昇、吴方、谷超豪、胡和生等13位著名数学家来科大讲学。第一讲由华罗庚讲“矩阵几何与狭义相对论”，离开讲还有两个小时，教室就已经到了五六十位听讲者。报告开始时，教室内已经挤得水泄不通，很多人站在通道上听讲。华罗庚对本次讲学活动要求很严，每个人的讲学，他都参加，发现问题后立即指出或共同进行研究。

1981年，中国科大面向全国27个省市自治区招收本科新生568人(含少年班23人)，其中，江西、吉林、云南、河南、广西、天津、福建、青海、山西等省市第一名被录取到科大。

1981年9月，中美联合招考赴美物理研究生(CUSPEA)考试举行，中国科大54名同学参加考试，22名同学通过考试。其中文小刚、干政、李源民、吴彦4人在全国所有考生中名列第一、二、三、五名(第四名来自北大)。

尹鸿钧教授在近代物理系工作时，几乎可以叫出所有学生的名字。他向同学们介绍一种“打深井式”学习方法：在学习中捕捉问题，然后分析、解决这个问题所需要的知识和方法，围绕这个问题充分掌握知识，一气呵成。这样，一个人的科研能力就锻炼出来了。千万不能搞知识的简单堆积，要不断思索，组成自己有机的知识结构，提高自己的各种能力。

1981届研究生共137人，其中78级研究生110人，79级研究生27人，分布在8个系、36个专业。担任研究生毕业指导的导师共有教授27名，副教授32名，讲师15名，其中兼职导师14名。截至毕业时，共有76名研究生通过硕士论文答辩，另有11名研究生的论文具有博士论文水平，其中6名参加科学院的博士答辩试点。这是我国恢复研究生制度以来毕业的第一届研究生。

1982年，中国科大招收的新生中包括15个省市区的第一名，其中湖北省前十名、江西省前十四名全部报考科大。

773校友李乐平刚读完大三就赴美国纽约州立大学石溪分校读研，一年后，他获得5门学科总分第一名，成为该校历史上第一个有资格攻读化学物理博士学位的学生。他的指导老师菲利浦教授、指导委员会波特教授、系主任朱郦年教授给科大杨承宗、辛厚文副校长来信称赞："李乐平同学是我们这里所希望录取的学生的榜样，……显然，他在中国的学习是极为成功的。……他显示了在学术上的出众才干。我的同事和我本人之所以对您的学校产生莫大的敬意，大部分是要归于他个人的。"

1982年到石溪分校读研的吴奇、钟恩慈、吴丹青同学，学习成绩一直名列所修课的前三名。为此，波特教授高兴地说："我校化学系研究生入学考试成绩能在全美国名列前茅，主要应归功于近年来招收了来自中华人民共和国的学生。"

1982年,王明旭等三名中国科大学生由中科院公派赴美留学。抵美次日,还没倒好时差,他们就参加马里兰大学研究生入学考试,三人在数理化课程中都拿到了满分,刷新马里兰大学的入学最佳成绩,一时间在该校与侨界传为佳话。

少年班79级张家杰于1988年直赴美国加州大学圣地亚哥分校心理系攻读博士,1992年成为第一位认知科学博士。

少年班80级学生袁睿翕在美国TEXAS大学物理系首开了将研究生的推荐权授予一位年仅21岁的中国学生的先例。

1982年4月,中国科学院与中国科大少年班综合考虑少年大学生的生理、心理因素及培养人才的一般规律,在实践中总结出来的一套特殊的教学方法,确定科学的办学方式,引导培养少年大学生成为有创造力的高素质人才。这种办学方式就是:少年班不分系,学生集中学习三年后,再由本人在教师的指导下,根据兴趣、爱好、特长、能力选择专业,做到人尽其才。在前三年中,注重对他们进行基础知识和基本技能的培养,侧重加强数学、物理、外语、计算机和思想修养等课程的教学。少年大学生处在思想和身体逐渐成熟的时期。少年班经常邀请科学家、教育家和某一方面的学者跟学生座谈。他们谈治学、谈科技发展史、谈现代尖端技术,也谈人生、理想、道德、美学、文学等,帮助少年大学生在成长过程中获得完整的知识体系,以及对科学真理的追求,和对祖国、对事业的强烈责任感。

1983年3月8日,中国科大举行少年班创建五周年庆祝会。少年班研究组组长钱临照先生说:“五年来,少年班取得了很大成绩。但是有人讲这是拔苗助长,也有人说他们是神童。这有片面性。应当承认人的智力是不同的,不同的智力都应得到适当培养。少年班使一批智力高的少年得到了及时适当的培养。再过一二十年，待同学们为国家做出了贡献，我们再来庆贺少年班试验的成功。”

1983年6月，全国第一次授予博士学位的有18名博士，时人称其为“十八棵青松”。其中，中国科大共有7名博士。他们是白志东、赵林城、李尚志、范洪义、单墫、苏淳、冯玉琳。另外，科大研究生院还有1名。李尚志博士的学位证序号为“1”。

1984年5月，学校教务长尹鸿钧撰文提出，科大“在教学上，要使培养的学生能适应新技术革命发展的需要，能适应现代科学技术、向综合性发展的特点，就必须使学生掌握的知识结构和具有的能力结构科学、先进、合理，才能培养出符合三个面向要求的高质量的科技人才。在培养模式上要把传授知识与发展智能结合并以创新精神和创造能力的培养为主；在培养方法上努力做到课堂教学要有探索性、实验教学要有设计性、考试方法要有创造性。”

1984年下半年，学校给大学本科生共开出279门课程，其中必修课170门，占61%；限选课77门，占28%；任选课32门，占11%。上述课程中实验型课程97门，占35%。各年级周学时为：80级16～21，81级21～24，82级24～26，83级22～26，84级21～25。全校给本科生任课的教师614人，其中教授3人，副教授22人，讲师379人，工程师24人，助教116人，其他和未定职称者70人。其中，主讲教师338人，辅导教师124人，实验教师142人，带毕业实习工作的10人。

1985年，中国科大开始在本科低年级和高年级分别实行班主任负责制和导师负责制，班主任和导师由系主任任命，讲师以上职称的教师担任。本科一二年级原则上30名学生设1名班主任，三年级以上每10～15名学生设1名导师。

1985 年，学校开始在部分系实行本科生—硕士生一贯制，本科学制为五年，四年级时根据学生平时成绩，经适当考核合格者直升硕士研究生。

中国科大少年班从 1978 年成立到 1986 年 9 月，共招收 10 期 358 名少年大学生，其中年龄最大的 15 岁，最小的只有 11 岁，平均入学年龄不足 15 周岁。已毕业的 5 期 168 名学生中，有 127 人考取了国内外硕士和博士生，占毕业人数的 75.6%。1985 年毕业的 28 人，全部考取了国内外研究生。

阮图南教授说，19 世纪末，英国物理学家凯尔文说："物理学可以认为是完成了"，但是，"在物理学的晴朗天空的远处，还有两朵令人不安的小小乌云"。一朵是迈克尔逊—莫雷实验，证实光速不随观测系统而改变，正是这个实验导致了爱因斯坦的狭义相对论；另一朵是黑体辐射实验，不能从理论上揭示，正是这个实验导致了普朗克的量子论和量子力学。由此可见，科学天空上的"乌云"正是科学研究大有可为的课题。我们选题，首先就要选择这样的方向。

1986 年 10 月 17 日《光明日报》驻罗马记者万子美从罗马发来文稿，赞扬我校博士生李淼："坐在我面前的是一位年仅 24 岁的小伙子，他最近刚被美国的权威性杂志《数学评论》聘请为评论员。我国数学界只有为数甚少的几位学者得到过这样的荣誉。他叫李淼，是中国科技大学的博士研究生，去年 6 月到意大利国际物理研究中心访问并短期进修。他利用当地有利的科研条件，争分夺秒地刻苦钻研，在短短一年的时间里便完成了 9 篇关于'超弦理论'、'量子宇宙学'、'宇宙学中的磁单极子'、'可能存在第五种相互作用的辐射'等当代最前沿科学课题的论文。其中 6 篇已发表在权威性杂志《物理通报》上。著名的天体物理学家、罗马大学的卢菲尼教授称赞他为'近十年来所见到的最优秀的中国青年科学家’。”

1986年10月，美国约翰·霍普金斯大学著名心理学家、天才少年研究专家朱廉·C·斯坦利教授及夫人应科大少年班邀请首次来科大讲学，并共同讨论天才少年的教育问题，对少年班给予高度评价：“我们对于科大这所有崇高的卓越能力和潜能的学校感到十分惊喜，到这里来实在是一次特有的机会。”

1987年，07系的杨海涛获得“教书育人”优秀教师奖。那年他才27岁，正在攻读博士学位。在接受学生记者采访时，他说到自己是怎样把枯燥无味的专业课变得有趣味的：“我注意到同学们听讲座兴趣很浓，原因是讲座有独立性、新颖性、深入性和精炼性，于是，我便将要上的全部内容分成十讲，各自成篇，又有连贯性，把许多相关的内容整理归纳，有对比地放在一起，一次课一讲，改上课为讲座，这样大家听起来比较有味。作为专业课，其研究内容是经常变动的，为了让大家跟上学科发展、能站在学科前沿，每讲中我都介绍当前国内外的研究动向，介绍一些科学家的思想，这样本来与实际无多大联系的枯燥课程，也能使同学们体味到科学研究的意味。另外，我一有机会就请一些本专业的专家学者给同学们作学术报告，增强对专业的兴趣。为了让同学们开放思想，互相交流，每过一段时间就组织大家自由讨论，师生在一种非常融洽的气氛中共同学习，这样大家本来是被动地学习，变成了主动地学习了。”

在学校的教材评选中，王奎仁教授的《地球及宇宙成因矿物学》获得一等奖。这本书写了两年时间，参考了两百多篇文献资料。由于国内外这方面的书还没有出版过，要靠著者自己摸索。王奎仁说：“吸收别人的研究成果，加上自己的科研成果和教学经验，把当前世界上新的研究动态反映出来，应用数理化基础知识来解决矿物学问题，书就是这样写成的。科大的地球化学专业不同于其他院校，他有坚实的数理化基础，大家应该充分认识这一点。在物理和化学的许多领域中工作已经很难做下去了，而在地学中确有广阔的天空供我们翱翔。”

化学系教师赵化侨上无机化学课，开始上课时，他自我介绍说：“我叫赵化侨，是典型的、土生土长的中国人，但已有N多人认为我是赵华侨，成了侨胞了。”在讲到教与学时，他要求同学们回答“什么是教学?”并在黑板上写下来。有的写“教师教、学生学。”有的写“教育的学问!”……赵化侨老师说：“什么是教学，各人理解不一样。我的理解是‘老师教学生学’。中间没有标点符号，意思是老师教学生怎样学习……”他希望师生之间达到一种教学上的默契。

郭光灿老师的《量子光学》获得学校优秀教材一等奖，接受学生记者采访时说：“教材需要吸收最新的科学知识。如果在大学中教给学生的不是最新的东西，不等他们毕业，所学已经过时了。科大的特色是科研与教学相结合，很多科研经验丰富的老师同时也活跃在教学第一线，言传身教之中，可以使学生得到很多感性的认识，对以后将要面临的问题也有所了解。这是很有成效的。”

许咨宗，西欧中心高能物理国际合作组科大项目负责人、实验粒子物理研究室主任，工作很勤奋，经常加班加点，在实验室一边测数据做实验，一边利用每组数据采集的间隙备课写讲义、出习题。1988年除夕之夜，他一直在实验室采集数据，直到最后一组数据测完才回家吃年夜饭。实验室每学期到器材处拉送试验用的气体钢瓶，也是经常自己扛、自己拉板车。他出国时生活非常节俭，将省下来的钱为实验室购买急需的贵重器材。科大很多高水平的实验室就是这样一点一点建起来的。许咨宗说，在名利上欲望太重，反受其累，重要的是把工作做出来，把水平搞上去。

童秉纲在流体力学教研室担任主任期间,提出干部不要多拿奖金。他的这种精神在教研室形成一种传统,因此教研室人气望,协作强,科研成果显著。1978年至1988年10年间完成了20多项成果,其中5项通过部级鉴定,5项获科学院科学进步奖,4项获国防科委国防尖端成果奖,2项获校级成果一等奖。

建设同步辐射加速器是1977年列入国家科学发展规划的。1978年初,中国科学院拨款约200万元,组成以中国科大为主的筹备组,开始筹建工作,规定3年左右时间完成物理设计和若干关键部件的预制研究。当时这一高科技研究在世界上刚刚起步。学校搞加速器预研制工作的总共不到20人,都是30来岁的年轻人,条件十分艰苦,破烂的教室,报废的设备,但当时正值"十年动乱"刚结束,科学春天的蓬勃生机给了大家精神上的鼓舞,大家干劲十足,勇敢地承担下了这一高科技尖端的预制研究任务。

1978年至1981年,科大人开始加速器的预研制研究,并以惊人的速度试制成功三米长的直线加速器,弯转磁铁、四级磁铁和超真空室四种模型。当时国内的几十位专家赞叹道:"你们真是一个顶仨啊!"

1982年至1984年,经过国家对加速器已有工作的验收和扩大初步设计的可行性论证,合肥国家同步辐射实验室于1984年11月20日正式破土动工。1987年各分系统研制成功,经过两年的艰苦调试,1989年4月26日,在电子束储存环24小时内产生同步辐射光。1991年,储存环束流强度达到200mA,各项指标达到国际水平。

1985年,我国国民经济进入调整时期,由于国家经费紧张,同步辐射加速器工程面临下马危险,加速器实验室的科技人员们写信给严济慈,要求继续完成加速器的建设工程。严济慈把这一情况转告了邓小平。中央先后派胡启立、宋健到学校了解项目情况，在小平同志的支持下，同步辐射加速器工程最终没有下马，而是克服困难，加紧建设。

当时加速器项目土建工程中的钢材紧缺，而且由于车皮紧张不能及时从唐山调运到合肥，新华社记者将这一情况写了内参汇报给中央。副总理姚依林为此批文，批评有关方面为什么没有保障加速器建设的物资供应。于是国家物资总局疏通各个环节，迅速保证了加速器土建工程中平价钢材的供应。

安徽省政府为加速器的建设提供了有力的支持，以230万元的优惠价格给加速器工程提供了150亩（10公顷）地皮。如今建筑面积约2万平方米、土建工程获建设部鲁班奖的国家同步辐射实验室，以她美丽神秘的圆形储存环大厅为中心，坐落在中国科大校园内。实验室科技人员曾不无幽默地说："如果当年没有小平同志和中央的坚决支持，实验室大厅说不定会成为适合演马戏的大棚，而不是今天举世瞩目的高科技尖端工程了。"

副校长、合肥国家同步辐射实验室工程总经理包忠谋，只身一人在合肥，生活极为简朴，每天在食堂排队买饭。1981年30Mev直线加速器出束运行，按照国家规定实验室工作人员可以享受不同程度的放射性补贴和工程补贴费，他拒绝领取。从1978年到1988年，他主动放弃两次升级的申请。

裴元吉教授是同步辐射加速器工程副总工程师，从1969年到1976年的八年时间里，他参与了离子束加速器对集成电路的工艺改进、试制直线加速器和跑道式回旋加速器的调查研究工作，为后来加速器的研制积累了经验。他说："我和许多人当初抱定了信心，就是基于一个想法：要把学到手的知识转化成物质财富，为祖国的科技事业做出贡献。"

邓小平曾于1986年说:“发展高科技,我们还是要花点钱,该花的就要花。前几年有的外国科学家问我,你们在不富裕的情况下为什么要搞加速器?我说,我们是从长远考虑。现在看来搞对了,决心下对了,起码争取了几年时间。在高科技方面,我们要开步走,不然就赶不上,越到后来越赶不上,而且要花更多的钱,所以从现在起就要开始搞。”

1988年7月6日,我校61级校友刘祥官、李吉鸾夫妇的科研成果“攀钢提钒工艺参数的系统优化——完善提钒工艺技术”荣获1988年国家科技进步一等奖,这在我国应用数学历史上尚属首次。

07系地球物理专业的郭自强教授说:“科学研究不仅要求工作者有坚实的基础和广阔的知识,去选择既有实际意义又能做出成果的研究课题,更重要的是要有勤奋的精神。可以实实在在地告诉你,像我们这一代超负荷运转的中年教师从来没有星期天和假日的,这就要求从事科研的人要有很好的身体,这点希望年轻的同学们更加注意。在大学乃至研究生阶段,都是接受知识,打基础的阶段,这时要认真学习,把基础打牢,掌握基本技能,以后才能跟上科学的发展,在许多学科相交的新领域做出贡献。当前社会上正刮一种读书无用之风,而且也存在知识越多越没钱的现象,一些学生不用心于学,荒废光阴,这样以后是会后悔的。可以说文明总要战胜愚昧,进步是社会的总趋势。我希望大家一定要珍惜时间,排除干扰,掌握更多的知识,在任何时候,任何地方,知识都会有用的。”

台湾《牛顿杂志》1989年1月总第68期的《了解中国》专栏刊载杨玉龄采写的《中国科技大学兴资优教育》文章。该文分两个部分:“顶尖的科技学府”和“天才的摇篮——科大少年班”。文章开头用醒目的黑体引文写道,中国大陆上,以“科技大学”为名的高等学校,近年来忽然增加了许多，令人眼花缭乱；事实上，最早设立、直属于中国科学院且真正以科技为办学方针的，唯有设在合肥的“中国科技大学”一所而已。

龚昇副校长1987年在接受采访时自豪地说：“一所学校要想站住脚的话，一定要有他自己的特色。否则，如果都和别人一样的话，就很难出人头地了。”那么科大的特色在哪里呢？他说，重质不重量、年轻、开放、科研做得好、重视基础研究等，都是我们的特色。

龚昇副校长说：“科技大学特别注重基础科学训练，尤其是数学和物理，因此学生的底子都特别扎实。科大目前共有16个系科，他们可以粗分为科学、技术及管理三大类。然而，不论是什么系的学生，都必须念四至五学期的数学，物理也是一样。因此科大毕业生在数学及物理方面的训练自然特别牢靠，这也是科大的传统，与其他学校作风不同之处。”这样的训练对学生到底有什么好处呢？科大学生进入社会后，表现出特别强的后劲。科学是瞬息万变的，当环境改变，需要学习新事物或转换研究领域时，科大的学生都比较能适应。

冯克勤1964年毕业于中国科大数学系，师从于华罗庚教授专攻代数数论，研究生学习仅读一年就被迫中断，分配到太原钢铁公司当工人。经过多年的坎坷与曲折，1973年，他放弃回北京工作的机会，来到南迁合肥不久的母校——中国科大，开始了他的教学科研之路。70年代，冯克勤就与同事们开始了代数编码在通讯、信息传递等方面应用研究，取得了显著的成绩。多年来，他一直在代数数论、编码理论和图论与组合数学等领域进行研究，取得了一系列的成果。1979年，他在美国进修时撰写的《阿倍尔域分园单位群的秩》一文，漂亮地解决了国际数学大师希尔伯特在“当几不是素数幂时，分园域中分园单位是否独立”的高难度课题，并系统研究了秩的增长规律。该项成果在数论界引起轰动，《国际数论》杂志总编查森豪斯亲自推荐发表，美国同行称其为

"新一代中国数学家的榜样"。

冯克勤教授认为,要使我国数学跨进世界先进行列,光靠几个"金牌"是不够的,关键是把重点放在国内,创造数学发展的条件和"气候",组建数学科研梯队,造就更多的数学人才。他说:"我们这一辈的历史责任是科研方面做出好的工作,同时更重要的,要努力培养出年轻一代的优秀人才……若干年后,倘有我的学生得到费尔兹数学奖,那将是我一生中最大的快乐。"

1989年2月,超导中心刘宏宝博士和他的合作伙伴经过几个月的艰苦攻关,制成了零电阻温度130K的新型超导材料。刘宏宝从10岁开始踢足球,有"足球王子"之称,他说,做学问比如挖坑,口太小挖不深,口太大了又没有能力挖得很深。他说:"每个人应当保持自己的相对独立性,头脑中对自己要有个计算,应该对自己的能力和形势有一个很好的估计和判断。不要别人说东边亮,你往东跑,别人说西边亮,你再折回头来。你就是你,别人不能代替你。要爱惜你自己!"

1989年10月21日,07系黄培华教授在"北京猿人第一头盖骨发现60周年国际学术讨论会"上宣布:北京猿人年龄为57.8万年。这一结果使与会的美、英、日、西德、韩国、马来西亚等国代表极为震惊和欣喜。黄教授是国内第一个运用电子自旋共振方法测算北京猿人年龄的专家,并取得成功。他说:"没有别人的失败,就没有我们的成功。"

1989年11月24日,物理系强激光实验室经过十年的努力,完成了"万兆瓦可调谐钕玻璃激光实验装置"的研制工作,首次实现了输出激光波长的连续可调谐。项目组组长吴鸿兴说:"加夜班是我们把一天当做两天用,真要是拿点加班费和夜餐费也是合情合理的,打报告找领导批很麻烦,没有精力顾及这些。""我们谁也没有想到今后会怎样,包括今天的成功。我们只有一个信念，为国争光，就是少活几年也要干下去!”王大珩教授在鉴定会上深有感触地说:“这次鉴定会，不但鉴定了物，而且鉴定了人。”

中国科大80年代先后选派教师1000多人次，到19个国家讲学、进修、访问，不少人在国外取得优异成绩。学校创造良好的实验条件和用才环境，实施了“学成归来好安排，如有需要再出国”的优惠政策。因此，85%以上的出国教师都学成回国，并在教学、科研、管理等岗位上发挥骨干作用。学校大胆提拔年轻有为的青年教师担任校系领导和正副教授，在出国进修一年以上回国工作的300多名中青年教师和回国博士中，根据他们的业务水平，有31人被提升为教授，148人被提升为副教授，不少人成为系或教研室的负责人。

王肇中教授1968年毕业于中国科大物理系低温物理专业。1980年至1985年赴法国格勒诺布尔大学攻读硕士与博士学位，探索低维导体中电子凝聚态的非线性电输运。博士后出站后，王肇中任普林斯顿大学研究员兼物理学讲师。1990年，当王肇中决定赴法国科学院工作时，安德森教授在推荐信中写道，王肇中博士从美国赴法国工作，将对美国物理界带来一场灾难。

1991年7月，朱近康副教授在日本长冈技术科技大学电气化系从事扩频通讯方面的研究，短短3个月中，连续完成了5篇论文，分别刊发在日本国家级杂志上。其间，学校要求他返校，承担国家“八五”军工重大项目的攻关任务。随即，朱近康向日方提出辞呈，该校殷切挽留，希望到期再回国。朱近康副教授解释说，不能因为自己而影响国家重大项目的实施进展，从而使学校的声誉受损。他爱国爱校的热情打动了日方学校的负责人，他们不无感慨地说:“如果都像你这样，中国的事情就好办多了。”

周逸峰首次发现高等哺乳动物丘脑外膝体细胞具方向选择性，并对该方向选择性及其形成机制进行深入细致的定量研究，修正了国际上流行了 30 年的认为高等哺乳动物仅视皮层细胞具方向选择性的传统观念。1991 年 1 月，他获得国家教委和国务院学位委员会授予的“做出突出贡献的中国硕士学位获得者”荣誉称号时年仅 28 岁。他说：“在哪儿都要好好干，不管干什么事都要专一用心，干一件事就要干好一件事，干成一件事。”

学校的条件一直很艰苦，教师们的实验室、实验仪器设备在 90 年代还是很差的。材料科学与工程系白如科博士选择了用于生产壁挂式电视机的新型显示材料的课题——合成聚醚型侧链液晶高分子材料，系里给了 3000 元的课题费……他说：“说实话，条件差，工作重，躺下也不是办法。还是要干，要创造条件。”

“我这辈子最幸运的事儿就是干了科研这一行。”1992 年卢炬甫教授获得“中国青年科学家奖”，他动情地说。他在无角动量的施瓦西里黑洞研究方面，得到了吸积流跨声速运动方程的解，成为国际上仅有的两个解之一。他还得出有关黑洞吸积的物理上可能的解，是低吸积率跨声速解的结论。英国剑桥大学天文学家安德森等，对卢炬甫在证实爱因斯坦 50 年来未被证实的天体黑洞语言进程中所取得的世界级成果，高度评价为“卢的唯一性定理”。

1987 年 11 月 9 日，中国科大合肥国家同步辐射实验室 2 亿电子伏特的直线加速器建成出束，它的设计和核心部件——加速管的加工，是由该室工作人员自己完成的。直线加速器的建成是国家同步辐射实验室建设的重要里程碑，是向整个同步辐射装置的运行迈出关键性的一步，标志着我国建造大型直线加速器的技术已经成熟。

1988年11月30日至12月6日，中国科学院召开中国科大第三次工作会议期间，座谈会上议论最多的是所系结合问题。一些专家认为，过去那种所系结合的方式应该继续下去，要求科大在北京建一个点；一些专家认为，科大必须建立一支独立的师资队伍，独立的科研力量，今后的所系结合必须改变过去的那种方式，应该在高层次、高水平上的结合，如共同争取大项目等。专家们还呼吁，科大应该加强技术学科的建设，改变理强工弱的现状，他们建议科大采取特殊措施，下力气培养学术带头人，提高竞争力。大家对科大提出的"4—2—3"学制很感兴趣，希望科大继续向教委争取这种模式。专家们还就课题设置、科研选题、生源等一些具体问题提出建议。

1989年4月26日，凌晨1时08分，中国科大合肥同步辐射实验室的同步辐射光源成功地储存了电子束流，生成了同步辐射光。李鹏、聂荣臻、严济慈、胡启立、方毅、周光召、郁文、刘达、张文裕、马西林等发来贺电。美国、日本、联邦德国、法国、巴西等许多科研单位和科研机构发来贺电贺信。

1991年，中国科大关于进行"本科生—硕士生—博士生分流制"教育改革试点的报告得到国家教委的批准，同意学校从1992年开始，在数学和物理学两个专业进行试点。"本科生—硕士生—博士生分流制"又称"4—2—3学制"。采用这种分流制度，可将高等教育两种类型人才的培养加以通盘考虑，在兼顾到高等教育的三个阶段的相对独立性的前提下，制定出一个完整的培养计划，充分体现因材施教的原则，有利于缩短从事基础性科学研究和高技术研究人才的培养周期。

1991年12月23日，合肥同步辐射加速器及光束线、实验站顺利通过科技成果鉴定，其主要性能指标已经达到国际同类加速器的先进水平。合肥同步辐射装置的设计、制造、安装和调试全部由中国科技大学独立完成，工程设备国产率为95%。其建成速度之快，质量之好，投资之省，都是世界上所罕见的。聂荣臻元帅在贺电中说："这又是一个自力更生，艰苦奋斗所取得的伟大胜利，希望同志们继续努力，勇攀高峰，为四化大业做出新的贡献。"

1991年，英国电气工程师学会(IEEE)将年度测量奖颁发给中国科大的教授钱景仁，并把钱景仁的名字列在其他三位同时获得此项奖的英国学者名字之前，这是该学会一百多年来第一次颁奖给中国内地学者。

1992年7月，在俄罗斯首都莫斯科举行的第33届国际数学奥林匹克竞赛中，中国队6名参赛队员全部获得金牌，以总分240分雄居参赛60余国之首，比第二名美国队整整多出了59分，当年中国队的领队兼总教练是中国科大数学系教授苏淳。

1992年，邓中翰大学毕业，钱临照院士把他推荐到美国加州大学伯克利分校物理系读书。强烈的责任感和面临挑战时的创新精神，伴随邓中翰在美国度过了留学生涯，让他史无前例地获得了伯克利的三个学位，物理学硕士、电子工程博士、经济学硕士。

1994年，在美国华人成立的"海外华人物理学会"上，他们把设立的"亚洲成就奖"授给了两个人，一个是在美国的华人学者、中国科大校友文小刚，另一个是国内的中国科大朱清时教授。

1996年1月，学校首次设立"跨世纪优秀年轻人才奖"，全校共有43人获得该奖，其中具有博士学位的32人，出国留学归来的31人，具有高级专业技术职务的41人，平均年龄34岁。

1996年7月10日，中国科学技术大学海外校友基金会专门为母校的新入学学生设立了杰出新生奖。决定每年向报考中国科大并被录取的10名优秀新生颁发“中国科大海外校友杰出新生奖”，每位获奖者可得到300美元奖金。

81级校友、留美博士宋晓东发现地球内核的自转速度比地球本身的自转速度快，1996年7月17日的美国《纽约时报》在头版报道了这一消息。宋晓东的这一发现被国际科技权威杂志美国《科学》杂志评为“1996年全球十大科技成就之一”。

1998年12月13日，孙立广教授乘坐“大力神”号飞抵南极的西南极“长城站”，谢周清博士乘坐“雪龙号”破冰船从海路抵达南极的东南极“中山站”，把中国科大的旗帜插上了南极，和中华人民共和国的国旗交相辉映，开始了他们为期100天的考察生活，这是中国科大在南极进行的首次考察活动。

钱临照教授在科学史研究中大力倡导实验方法，借助复原、模拟甚至现代检测手段对古代一些重要的科技发明创造进行实验研究，以弥补文献记载的不足。在这一思想的指导下，科学史研究室在中国古代漏刻、张衡的天文仪器与地动仪、唐代浑天仪、泥活字印刷、特种印刷以及宋代的性激素提炼等科学史重大问题上进行了系列的实验研究，取得了一批令国际同行叹服的可喜成果。这种科学史研究方法不仅得到了学术界的普遍认同，还成为科大科学史研究室的一个显著特长，从而该室的全体师生赢得了一个响亮的名号：Qian School！

在1998年12月6日至9日新加坡举行的首届国际汉语口语处理学术研讨会上，中国科大中银天音智能多媒体实验室的最新研究成果——“天音话王”汉语语音合成系统，引起与会专家的极大反响，被公认为代表了当今汉语语音合成领域的最高水平。

1999年5月,英国《自然》杂志出版的庆祝美国物理协会成立100周年特刊,从百年来该杂志发表过的近代物理学论文中选出并刊登了各领域的21篇经典之作,中国科大赴奥地利留学的青年学者潘建伟等人完成的《量子态隐形传输实验研究》论文入选,成为21篇入选论文作者中唯一的中国学者。

邓中翰在大二上学期,给当时电磁学的任课老师胡友秋教授写了一封长达8张纸的信,推导了《Berkeley物理教程》所没有涉及的离子流二级现象,并且提出5种实验方法,同时请求能够跟胡老师做科研。这是胡友秋第一次收到一个本科生如此厚重的信。他虽然不能给这种推导一个明确的答案,但还是把邓中翰叫到家里,对他的做法给予充分的鼓励,又把他推荐给黄培华教授。

1999年12月9日,地球与空间科学系95级本科生尹雪斌作为我国第16次南极科学考察队的正式队员,赴南极"长城站"进行极地环境科学考察。这是中国科大,也是中国首次派出大学本科生参加极地科考。

2000年初,中央办公厅有一个研究室科教组的组长到学校考察,他没有张扬,只是晚上到各个教学楼和教室去看看。看完了他说,在中国的大学里像科技大学这种校风的学校很少。科大学生竞争学习好、考试成绩好、考G、考托的外语成绩好。这种校风,看不见摸不着,但是毫无疑问,它每时每刻都在影响每一个学生。

2000年,学校实施以曾在中国科大任教的著名科学家命名的"大师讲席"制度,聘请学术造诣高深、在本学科领域具有重大国际影响的专家、学者来校短期工作和讲学，给以优厚的待遇和良好的生活与工作条件。凡受聘“大师讲席”的著名专家、学者，在校讲学和工作期间，每月可获得津贴 15 000 元人民币。首批设立的“大师讲席”有“华罗庚讲席”、“严济慈讲席”、“钱学森讲席”等。

2000 年 9 月 15 日，赵忠尧纪念馆在学校隆重开馆。在赵忠尧纪念馆揭幕仪式上，杨振宁先生深情回忆了他在西南联大时的老师——赵忠尧先生的生平事迹和科学成就，“赵先生以最简单的实验器材做出了最精密的实验结果，这是他最大的特点，他所做的贡献是够得上诺贝尔奖水平的。”

在学校校史馆陈列的展品中，至今保存着由赵忠尧在美国购置部分部件、突破重重阻力带回国内后主持建成的我国第一台加速器——70 万伏质子静电加速器。1960 年，中国科学院高能物理研究所将这台加速器送到中国科大供教学使用。这台加速器为我国原子核科学事业的起步和培养核物理研究人才做出过重大贡献。

国际顶尖学术杂志英国《自然》2000 年 10 月发表中国科大极地研究小组关于过去 3000 年来南极阿德雷岛企鹅种群数量变化和研究成果及其独创的“企鹅考古”研究方法。这是《自然》杂志首次发表中国极地研究成果，标志着“企鹅考古法”的创立和一个新领域的形成。

2001 年 1 月 18 日，英国《自然》杂志发表侯建国、杨金龙教授等用低温扫描隧道显微镜(STM)直接获得具有化学键分辨率的碳 60 单分子图像以及利用该高分辨成像技术发现一种新的分子取向畴结构的成果。审稿人高度评价该项研究工作：“构思巧妙、实验严谨、非常独特。”

2001 年 6 月 28 日上午，2582 名毕业生身着学位盛装参加毕业典礼暨学位授予仪式，这是中国科大校史上的第一次着装授予仪式，在国内高校中也属首次。

2001年5月8日至10日，以杨福家院士为组长的国家“211工程”验收专家组对我校“九五”期间“211工程”项目建设与实施情况进行全面检查验收。他说：“朱校长很多次讲到加州理工学院，我感到你们的追求是有可能实现的。这个追求，不仅在你们身上感受到，而且在一些学术骨干身上，在一些年轻人身上，还有学生身上，都感受到了这种精神的力量。科大现在的这种气氛，我感觉是可贵的。这几年在‘211’工程的资助下也有了一些实际的动作，值得全国所有高校关注。像大家谈到的‘有所为，有所不为’，有所不为才能有所为，在这里非常生动地体现了这种理念。像学科的交叉，还有学科的重组，这个也是很合乎今天国际发展的潮流，在这里也做得非常好。我们完全有理由期望这所学校不仅在国内外成为知名大学，而且会成为国内外一流的大学。我感到，科大建设一流大学的条件已经具备了。”

2001年10月8日至14日，学校举行了“首届机器人竞赛(Robo-game)活动周”。活动周内，举办仿真机器人足球赛、机器狗表演赛、机器人舞蹈赛以及有关机器人的学术报告等。学校12个院系的35支学生代表队参加比赛，全面展示大学生开展课外科技创新活动取得的丰硕成果。此后，学校每年都举办“机器人竞赛(Robo-game)活动周”，成为学校传统活动之一。

2002年4月5日，学校召开2001年度科技奖励大会，隆重表彰在科技工作中做出突出成绩的集体和个人。这次颁奖大会是学校第一次大规模的科技表彰活动，此次颁发的奖项共六大类，获奖面达300多人次，奖金总额达111.37万元。

2002年5月23日，中国科大心理教育中心正式成立。心理教育中心是面向学生开展素质教育的重要基地，以指导、帮助全体学生提高心理素质为宗旨，倡导“开朗乐群，自信悦己，静心明志，和谐发展”的健康观。内设测试室、微笑成长工作坊、微笑晤谈咨询室，并建有心理健康网站“中国科大微笑在线”。通过开设系列课程、讲座、沙龙、小组训练及专业心理测试、面谈、电话咨询、网上咨询等活动，在学习、交友、情感、择业等方面为学生排忧解难，促进健康成长。

2002年6月，中国科大代表队在“首届全国大学生机器人电视大赛”中获得了冠军。2002年8月31日，他们代表中国赴日本东京，参加了首届亚太地区大学生机器人大赛，获得亚军并获最佳技术奖。

数学系李尚志教授曾四次走进人民大会堂。用他自己的话说，“前三次我的身份是学生，第四次是老师”。第一次走进人民大会堂是在1983年5月，当时他作为中国首批被授予博士学位的18位博士之一，在人民大会堂主席台上从严济慈校长手中接过了紫红色的学位证书。三个月后，他作为全国青年联合会委员会委员再次走进人民大会堂，参加了由当时还在团中央工作的胡锦涛同志主持的第六届全国青年联合会第一次会议。1991年，李尚志获得国家教委颁发的“做出突出贡献的中国博士学位获得者”荣誉称号，第三次走进人民大会堂，接受了江泽民总书记的接见。2003年9月9日，第一届高等学校教学名师奖表彰大会在北京举行。他作为全国100位名师中的一员，第四次走进人民大会堂，接受了温家宝总理的接见。

2002年9月28日，中国第一款通用中央处理器“龙芯1号”问世。在不到40人的“龙芯1号”研制群体中，中国科大毕业生就有近20人。“龙芯1号”研制成功后，他们把第一台样机送到科大，在学校网络中心运行测试。

2002年9月29日中午，张亚勤在北京市翠宫饭店接受了中国科大校友基金会采访，他充满感情地回忆了在科大少年班度过的5年岁月，表示“如果再给我选择一次，我还会选择科大，选择少年班”。

2002年，学校颁发了《关于本科专业培养方案和教学计划修订要求》。文件规定，2002级学生进校一年后，可在全校范围内选择专业，在两到三年内可在学院或学科范围内灵活调整专业。各院系根据自身教学资源提出各专业可以接受的学生数量、条件和遴选办法，向全校公布，学生自由申报，有关院系根据其学习成绩综合考虑，择优录取。允许成绩优秀、学有余力的学生在院系教学负责人或专业老师的指导下，制定符合个性发展的学习计划，以提前修读部分课程或跨学科选修课程。

2003年下学期，在02系吴强老师的量子力学课上，有一位“助教”在听课。开始，同学们都以为他是一位研究生，后来，大家才知道给他们做习题辅导的这位“研究生”竟然是一位刚从国外回来的教授、“百人计划”入选者潘必才，下学期将主讲量子力学，为上好这门课，本学期主动担任吴强老师讲授的量子力学课辅导。

2003年7月，谢周清博士乘“雪龙号”考察船参加了第二次中国北极(北冰洋)考察。2004年7月28日孙立广教授见证了中国北极“黄河站”的庆典，他与谢周清教授、本科生龙楠烨一起参加了北极“黄河站”首次科考。

2006年4月12日至13日，安徽省在安徽剧院隆重召开全省科技大会，对获得2005年度省科学技术奖的单位和人员进行表彰。其中，最高奖项和最具含金量的重大科技成就奖被中国科大范维澄院士摘得，省委书记郭金龙同志向范维澄院士颁发了奖励证书和40万元奖金。

2006年6月14日至20日，在德国不来梅举办的第十届机器人世界杯竞赛(Robo Cup 2006)上，中国科大“蓝鹰”队夺得冠、亚军各一项，创我国参加此项赛事以来最好成绩。“蓝鹰”队参加了三个组别的赛事，获得仿真2D组世界冠军、仿真3D组世界亚军、四腿组第五名。

2006年6月22日《自然》杂志刊载了由中国科大生命科学学院二年级本科生刘可为首次发现兰花自花传粉机制的重要成果，论文在清华大学深圳研究生院黄来强教授、深圳园林集团刘仲健教授等指导下合作完成，刘可为是文章的第一作者。同年，他获得首届“宝钢优秀学生特等奖”。

2006年10月《自然》杂志子刊《自然—物理》以封面文章的形式发表了中国科大合肥微尺度物质科学国家实验室潘建伟和他的同事杨涛、张强等完成的研究成果：两粒子复合系统量子态隐形传输的实验发现。这是我国科学家首次在该杂志发表封面文章。

中国科大776校友左毅、陈大庞首次投入100万元设立“平凡基金”，2006年11月18日上午举行捐赠协议签字仪式。基金的支持对象是对科大本科招生、教学及管理等做出突出贡献的教职员工，以促进本科教学工作的巩固和发展。

侯建国院士在谈到创新团队时打了一个比方：在科大，志趣相投的人聚到一起，好比是“物理组合”，在国家实验室等创新平台上产生“化学反应”，可以生成一支又一支创新团队。例如，微尺度物质科学国家实验室现在已聚集了包括6名中科院院士在内的70多名教授和研究员，建成三大技术支撑平台，培育了国家自然科学基金委的4支优秀创新团队和教育部的3支优秀创新团队，未来将会涌现更多的优秀团队。

校党委书记郭传杰在对“科大现象”进行文化思考时，这样描述科大的学子们：“他（她）们走路的速度很快，眼神一般是直视的，稍微偏下一点，不是那种趾高气扬的样子。三五成群走在一起的时候，彼此之间也会有一点距离，不会勾肩搭背，而且目不旁视。谈话的时候，能让人感觉到一种理性和沉稳，好像同时还在思考问题，有一种追求卓越的神态。他们穿着朴素，很随意，没有花里胡哨的衣服。如果在大街上，你很容易区别出哪些是科大的学生，哪些是别个学校的。”

77级校友刘亚东于2006年捐资60万元人民币在学校设立“困学守望”教学奖，他是这样解释“困学守望”这四个字的：“困学”就是说作为老师，能把自己相对地隔离于外界，潜心致志地做学问，认认真真地教学生，并能把这件事情当成自己的一个追求。“守望”是取自周国平当年写的一篇散文《守望的距离》，可以解释为从一个比较远的距离来看事情，这件事情可能是学生，可能是你自己。我们身居其中的时候，会对很多事情感到迷茫，所以说需要这样的一个距离。希望能通过这个奖来弘扬一种价值取向，就是老师以教学、教好学生作为自己人生的一种理想，发现自己内在的价值，而不要被外界诸多浮躁的现象困扰。

美国麻省理工学院教授、77级学生文小刚说，他在科大的岁月是他学习成长过程中不可缺少的一部分，他是在一个鼓励思考的环境中长大的，这使他养成了爱想问题的习惯。

一位校友回忆说，科大给了他底气。虽然科大的学科专业设置不够大众化以及近来国家政策倾斜的原因，科大的社会影响力比较微弱，但是在科技教育界还是有实力和地位的。科大学生一入学就会听到无数关于某某人去了哈佛、斯坦福、麻省理工、加州理工的故事，还有关于

谁谁又在 *Science* 或者 *Nature* 上发了文章的故事，从此以之为目标来追赶。毕业后，科大学生看着别人的成绩单往往会露出骄傲的微笑。作为化学专业的学生，他发现有些学校的学生本科时候只学普通物理，而他学了力热电光核；他学了复变函数与数理方程，而有些学校没学；他甚至还学了机械制图，十六位微机原理，等等。

2006 年第 6 期《新华文摘》在点评 2005 年度全国重大科学、技术和工程研究成果时，盛赞中国科大："这所改革开放初期尤其引人瞩目、之后很长一段时期几乎声名沉寂的著名高等学校，近几年来基础研究成果和杰出研究人才忽如火山爆发，喷涌不止，源源不断。潘建伟、侯建国、朱清时、杨金龙、史庆华、田志刚、杨涛、彭承志、汪秉宏、赵志、郭光灿……科研俊杰可谓群星璀璨；五粒子纠缠态的制备与操纵、远距离自由空间量子通信、125km 单向量子密钥分配、单分子自旋态的控制、网络流量决定网络结构、发现癌细胞可能起源途径……研究成果更是丰硕喜人。该校一流人才和一流成果显示出的群聚效应，值得认真总结、推广。"

在 2009 年 4 月 21 日于厦门召开的中国数学会 2009 年学术年会上，中国科大数学系年仅 34 岁的沈维孝教授由于在一维动力系统领域的杰出贡献，荣获第十二届中国数学会"陈省身数学奖"。据悉，这是历届该奖获得者中最年轻的一位。

2009 年 5 月，由中国科大合肥微尺度物质科学国家实验室教授潘建伟领导的研究小组，在合肥建成世界首个光量子电话网，标志着绝对安全的量子通信从实验室走进日常生活。美国《科学》杂志以"量子电话呼叫"为题对此进行了报道。

2009 年 5 月，中科院量子信息重点实验室郭光灿院士和韩正甫教授所带领的团队，在安徽省芜湖市建成世界上第一个“量子政务网”，并投入试运行。量子政务网采用了我国具有全部知识产权的单向量子保密通信方案和设备，以及量子保密通信网络核心组网技术，标志着我国量子保密通信技术已经正式步入应用轨道。

2009 年 6 月，侯建国院士收到挪威科学与文学学院秘书长来信，邀请他担任 Kavli 奖纳米委员会成员，参与评选 Kavli 纳米科学奖。Kavli 奖是由挪威科学与文学学院、挪威教育科研部和 Kavli 基金会联合设立的国际性奖项，包括天体物理学奖、纳米科学奖和神经科学奖 3 个奖项，其中纳米科学奖被誉为“纳米科技界的诺贝尔奖”。

第 13 届 RoboCup 机器人世界杯及学术大会于 2009 年 6 月 28 日至 7 月 5 日在奥地利举行，中国科大“蓝鹰”队力克群雄，夺得仿真 2D 组世界冠军，并首次参加了服务机器人比赛，在世界上首次实现了服务机器人对复合任务的自然语言理解和自动规划，引起与会的国际人工智能与机器人交叉领域顶级学者的高度评价。

2009 年 7 月 9 日，美国总统奥巴马宣布了“美国青年科学家总统奖”评选结果，中国科大 94 级校友黄昱榜上有名。据了解，总统奖是美国政府授予开始独立学术生涯不久的青年科学家的最高奖项。至此，包括黄昱在内，中国科大已有 11 位校友获得美国青年科学家总统奖。

2009 年 7 月，在“2009 NIST”语种识别评测大赛上，由安徽科大讯飞科技报送的参赛系统获得高难度混淆方言测试冠军、通用测试指标亚军的好成绩。这标志着中国在国际语音技术领域已取得了稳固的全面领先地位。

2009 年 9 月，潘建伟教授科研团队在合肥建成世界上首个全通型量子通信网络，首次实现了实时语音量子保密通信。

第三世界科学院于2009年10月19日至23日在南非德班市国际会议中心召开第二十届院士大会暨该院第十一次学术大会，本次会议增选了50名新院士，中国科大生命科学学院施蕴渝教授、中科院量子信息重点实验室郭光灿教授名列其中。

2009年获得美国帕克基金会的Packard科学和工程奖的3位华人均为中国科大校友，分别是89级物理系校友唐红星、91级生物系校友陈昕、93级材料科学与工程系校友崔便晓。至此，中国科大至少有10位校友获得Parkard科学和工程奖。

2009年新当选的48名中国工程院院士中，年龄最小的是41岁的邓中翰，他于1987年至1992年就读于中国科大地球与空间科学专业，时任中星微电子有限公司董事长，领导研发“星光”系列“中国芯”。

2009年度世界前十位化学家于12月10日正式遴选落定。中国科大82级校友夏幼南、83级校友林文斌获此殊荣，分别排名第五和第九。据悉，他们是前十位化学家中仅有的两名来自中国大陆的华人科学家。

科大立安安全技术公司和中国科大火灾科学国家重点实验室自主研发的“LA100型火灾安全监控系统”由两种火灾探测器和一个自动消防炮组成，能模仿人的眼鼻器官，对空间实施监控。已经有包括世博会主题馆、世博中心、世博演艺中心等6个场馆采用了这种大空间特殊火灾报警和灭火系统。

2010年3月3日，达沃斯世界经济论坛在瑞士日内瓦的总部发布了2010年全球青年领袖名单，中国科大教授潘建伟入选。全球青年领袖从当选之日起任期5年。

2010年5月4日，材料科学领域的国际著名学术期刊《先进材料》出版了“中国科大专刊”，并刊登题为《中国科大：天才工场》的文章，称：“中国科大哺育出众多训练严格的独立学者，这些师出中国科大的学者正在先进材料与纳米技术前沿卓有成效地开展研究，并开始取得杰出成就。”此期专刊被称为国际专业领域颁发给中国科大的一枚“金牌”。

2010年9月16日，国际高等教育权威刊物《泰晤士高等教育》公布最新世界大学排名榜，大陆高校中北京大学、中国科学技术大学进入“世界五十强”。

2010年11月6日至8日，2010年国际基因工程机器大赛在美国麻省理工学院落下帷幕。中国科大派出的两支代表队“干队”和“湿队”在众多高手中脱颖而出，各摘得一金，成为此次大赛中唯一获得两枚金牌的大学。另外，干队还获得了含金量更高的单项奖“最佳软件工具奖”。自2007年参赛以来，中国科大共获得5金1银，保持国内金牌数第一和奖牌数第一的领先地位。

从2010年暑期开始，学校开始实行三学期制，具体安排是，春、秋两学期适当调整，夏季学期4至6周，学年总教学时间维持在40至42周，与原来持平。两个长学期主要安排必修课程和部分选修课程，为学生打下坚实的基础。小学期主要安排拓展、提高型课程以及集中实践教学，以选修和研究性学习为主，满足学生个性化发展的需要。夏季学期安排的教学内容主要有四类：一是大师系列课程；二是基础类提高、拓展、进阶课程，以及大学生研究计划、本科生海外研修计划等；三是“科技英才班”安排的“所系结合”相关教学内容；四是各专业教学计划内安排的大实验、课程实习和集中实践等教学活动。

汤森路透于2011年2月发布了2000～2010年全球顶尖一百化学家榜单，6名中国科大校友杨培东、夏幼南、段镶锋、林文斌、殷亚东和孙玉刚入选。此外，基于同样标准遴选的另一张“顶尖一百材料科学家榜单”中，4名中国科大校友进入前五名。这两张榜单一个引人注目的亮点是，中国科大的一个明星班级9212班。6名科大校友中，段镶锋、殷亚东、孙玉刚3人都是这个班的。这个班仅有47人，毕业生迄今不过37岁左右，已有3位同学冲进全球顶尖一百化学家行列，令人称奇。

2011年7月5日至12日，第15届RoboCup机器人世界杯赛及学术大会在土耳其伊斯坦布尔举行，中国科大机器人“蓝鹰”队在传统强项仿真2D比赛中以全胜战绩获得冠军，进一步强化了在本领域的世界领军地位；在强手如林的服务机器人比赛中，“蓝鹰”队夺得亚军，取得历史性突破，一举改写了我国从未进入世界前五的纪录，标志着我国服务机器人研究取得了重要进展。

80级应用化学系校友、华裔女科学家崔景荣领衔的团队因发明治疗肺癌新药“克里唑蒂尼”，于2011年12月荣膺美国第38届国家发明大奖。该奖项是美国知识产权所有者协会为奖励重大发明创造所设立的年度奖，每年全美国所有行业中只有一个专利可获此殊荣。

美国科学院2012年5月公布了84位新晋美国科学院院士名单，中国科大少年班校友骆利群、庄小威名列其中。骆利群是中国科大少年班81级校友，现任美国斯坦福大学生物系教授。不久前，当选美国科学促进会会士和美国人文与科学院院士。庄小威是中国科大少年班87级校友，现任哈佛大学化学与化学生物系、物理系双聘教授、中国科大大师讲席教授。她曾是首位获得美国麦克阿瑟基金会“天才奖”的华人女科学家。时年40岁的庄小威也刷新了大陆华裔学者当选美国科学院院士最年轻纪录。

2012年5月24日，国际权威学术期刊《自然》杂志发布年度报告，2011年，中国科学技术大学和北京大学、清华大学发表的高质量学术论文指数位居中国高校前三，其中中国科大、北大进入全球科研机构百强，分别排名第76位和第94位。

2012年5月，中国科学技术大学微尺度物质科学国家实验室潘建伟院士及包小辉、赵博等同德国研究人员合作实验，在全球首次实现了具有高读出效率及长存储寿命的高性能量子存储器。最新一期英国《自然》杂志子刊《自然·物理学》在发表这一成果时评价，该工作“是朝向可升级量子信息处理方向的重要研究成果”，“开启了利用多个原子系综研究复杂量子信息方案的大门。”

2012年6月，第16届RoboCup机器人世界杯及学术大会墨西哥城举行，中国科大“蓝鹰队”获得“自由挑战”项目第一名和仿真2D第二名。值得一提的是，升级版“可佳”智能服务机器人再度进入世界前五名，这是我国迄今唯一进入世界前五的团队。

量子通信、测量与计算国际大会组委会于2012年6月宣布，授予中国科学技术大学潘建伟院士2012年度国际量子通信奖，以表彰其在量子物理和量子信息研究领域，特别是在量子通信实验研究领域的卓越贡献。这是该奖首次授给华人物理学家。

2012年8月，潘建伟院士及其同事彭承志、陈宇翱等，与中科院上海技术物理研究所王建宇、光电技术研究所黄永梅等组成的联合研究团队，在国际上首次实现了百公里量级的自由空间量子隐形传输和纠缠分发，实验证明了实现基于卫星的全球量子通信网络的可行性。该成果8月9日发表在《自然》杂志上。

2012年8月13日，中国科大、普林斯顿大学等离子体物理国家实验室、中科院等离子体物理研究所在合肥签署在先进核聚变能源研究方面进行全面合作的协议。三方将以人才培养为目标，在核聚变理论、装置实验、聚变堆总体、聚变堆关键技术研发方面进行全面合作，同时将酝酿成立以培养人才为核心内容的先进核聚变能源协同创新中心。

中国科大代表队在2012年国际遗传工程机器大赛总决赛中，战胜众多名校，获得软件组的最高奖项——最佳软件项目奖。这是中国科大继2010年获得该奖项之后，第二次获得大赛软件类的最高奖，也是亚洲队伍仅有的两次获得软件组最高荣誉。

我国首台采用自主设计的"龙芯3B"八核处理器的万亿次高性能计算机"KD—90"，由中国科学技术大学与深圳大学于2012年12月联合研制成功，高性能计算机KD—90采用单一机箱，集成了10颗八核龙芯3B处理器，理论峰值计算能力达到每秒1万亿次。系统硬件由1个前置服务器、5个计算节点、2个千兆以太网交换机以及监控单元组成。其中，前置服务器和计算节点均采用了我国自主设计的龙芯3B八核处理器，主要互连部件采用了自主研发的超多端口千兆以太网交换芯片。

基于十余年不间断的教改探索，学校于2013年5月公布了当年专业选择细则，根据政策，本科生进校后至少有三次自选专业的机会：进校一年后，学生根据兴趣在全校范围内自选学院或学科；二年级春季学期可申请学校统一组织的中期分流；二年级及更高年级每学期均可个别申请转专业。在校本科生通过三次自选专业的机会和个性化培养方案，实现百分之百自主选择专业。据悉，如此大的自由度在国内重点高校中尚属首次。

花开的声音——中国科大的那些人那些事——

第六 生活

在北京办学的日子，是学校贯彻“全院办校，所系结合”的最佳黄金时期。当时，教授上完课，书本一夹，就回到所里做实验；学生们在课余、周末，就钻进所里的实验室，给研究人员做助手。那时的工作人员，分不清谁是科大的老师，谁是所里的研究员，事实上，大家也不关心这种“身份”的区别。

严学明说，1958 年他刚走上工作岗位，来到中国科大，发现漂亮的校园里竟找不到高大的教学大楼、实验大楼和图书馆，也没有见到最起码的实验仪器设备，预定 9 月 20 日开学，时间那么短，能行吗？这是不少人在思考的问题。但奇迹居然出现了，科大从无到有，仅用了三个月，这确实是我国教育史和科学史上的重大事件。

1958 年 9 月 3 日开始，一部分提前报到的同学进行了修建操场的劳动。平均每日参加劳动的有 70 多人，其中大部分是北京地区的同学，也有少数来自四川、辽宁、福建等地的同学。7 天中共除草约 19 000 平方米，压场约 12 000 平方米，填土约 250 立方米，安装活动篮球架 2 付、肋木 2 付、双杠 15 付、单杠 9 付、平衡木 2 付。这些工程如果包给外面做的话，至少需要 3000 元。

1958 年，学校食堂科全体员工为了让全校师生员工吃得好、喝得好，专门写了保证书，决心“千方百计地改善伙食，要经常改换花样，保证‘每个菜都有滋味’，让全体教职员工和同学们一个个都吃得身体结结实实，身心愉快地学习、劳动和工作。”

他们还自己开展副业生产，菜园子搞了七八亩地，大小猪养到五十多头，秋季准备腌咸菜四五万斤，还准备自己磨豆腐，并筹建醋酱园。职工食堂在晚上 9 点至 11 点间供应夜宵，品种有汤面、卤面、炸糕、炒饼、锅贴、元宵、杏仁茶、水煎包等。

1958年刚建校时，生活条件比较艰苦。冬天很冷，学校热水供应不足，只能照顾到女生群体。女生每晚可以到锅炉房打一瓶热水，而男生则没有如此“权利”。很多男生就穿一双鞋行走过冬，抵御寒冷。渐渐地，鞋底磨穿了，有时渗水，一天下来，脚上全是泥巴。晚上不洗脚，就没法上床睡觉。男生们只好脱了鞋，把脚放在水龙头下，咬咬牙，冷水一冲，用毛巾搓干，哆哆嗦嗦地钻入被窝取暖。

1958年10月，学校停课三周，开展大鸣大放大辩论运动，一周内贴出大字报五万多张，教学楼、办公楼、饭厅、礼堂，到处贴满大字报。《中大校刊》称“琳琅满目，内容丰富多彩”。各种辩论更是十分热烈，有证明必须又红又专、红透专深的，对先专后红论、红专分段论、红难专易论进行批判的；有辩论脑力劳动与体力劳动谁贡献大的；有分析勤工助学如何适度把握的，不一而足。

1958年10月下旬，校党委副书记田夫率领1000多名师生到北京密云县参加秋收劳动。许多老师和同学当时不会刨红薯，于是拜农民为师，在实践中总结出一个顺口溜：“刨红薯有窍门，先要找秧子根，根朝东，薯朝西，哪怕它埋藏三尺深，左一镐，右一镐，从腰再来一深镐，眼看准，手拿稳，管保红薯往上滚。”

1958年11月12日，学校召开青年积极分子大会，全校青年掀起向大会献礼高潮。无线电电子系的同学为大会生产了13台收音机，并试制成功碳膜电阻；放射化学系为大会献出碘化钠、碘化铊、二苯乙烯等；自动化系向大会献出自动报时器一台；技术物理系献出光敏电阻半导体；高分子系制成了高锰酸钾，突击生产了不少酒精献给大会；应用数学系为大会赶制了电子计算机插件250个；物理热工系现修新炉，连夜炼钢作献礼；力学系装制了60支计算尺；地球物理系把全校公共厕所作了一次全面清扫；生物物理系利用休息时间在校内外采了70斤蓖麻子作为大会献礼。

1958年,国家号召全民炼钢、“以钢为纲”。无线电电子学系的同学们土法上马,经过研究、改进、再研究、再改进,终于炼出第一炉钢。消息传开后,许多系派出学生前来学习,连解放军政治学院、“五一”、“十一”小学都慕名前来邀请“炼钢专家”。

自1958年底开始的群众性业余文化活动以来,群众创作热情空前高涨。炊事员陈嘉才在校刊发表题为《我老陈心里笑》的诗歌:“起早把火烧,晚睡把汤熬。做菜花样日日新,白圆馒头对我笑。只要同志们吃得好,我老陈心里乐开了窍。”开水房工友楚赞庭也有《顺口溜》见报:“我是人民服务员,力争上游要赶前。我烧开水大家用,喝了开水我心甜。卫生一定要搞好,态度和蔼记心间。从今以后说了算,实际行动大家看。”

刘耀阳先生当时在物理教研组工作,也写了篇《看诗坛》:“诗画满墙歌满楼,大楼变成戴花舟。生平不曾作过诗,无奈也要添一首。”

1959年春节,学校从勤工助学经费里补助留校同学每人一元钱。食堂科给学生安排的春节伙食大体是:除夕晚餐两菜一汤(红烧肉加宽粉豆泡、白菜丸子粉丝、白菜豆腐汤),初一吃饺子,初二吃面条(借到切面机即可实现,但问题不大),初三吃鱼。因为炊事员少,包饺子有困难,食堂科便将学生食堂的全体炊事员分配到各系具体指导和协助,让同学们吃到自己亲手包的饺子。

1959年6月28日,时任中国科学院副院长的张劲夫应邀到学校作时事政策报告。在分析“大跃进”以来市场上某些商品供应紧张的原因之后,说:“我们要大力提倡增产节约,反对铺张浪费,把宽日子当紧日子过。”

1959年10月17日至18日，学校举办首届体育运动大会。参加这次运动大会田径赛的运动员共400多名；参加各类球赛的有男女篮球赛29个队，男女排球赛29个队，足球赛15个队，乒乓球赛30个队，羽毛球赛19人；另外，参加举重比赛的有29人。最终，自动化系、无线电电子学系、力学和力学工程系分获田径男女团体总分前三名；自动化系、技术物理系、力学和力学工程系分获田径男子团体总分前三名；无线电电子学系、自动化系、化学物理系分获田径女子团体总分前三名。在这次大会上，郭沫若校长的女儿、生物物理系的郭庶英同学还获得女子跳高第一名。

59级校友余翔林回忆说，大学五年，礼拜天的时候，大家很喜欢结伴而行，爬香山鬼见愁，那个地方离玉泉路校园不算太远，大概也就是三四十华里。早上去晚上回来，也不耽误吃饭，很从容。大家出来以后往北走到黄村，然后再往西，沿着一条河到八大处，爬上八大处的山脊，沿着山脊最近的一条路，直接走到鬼见愁，然后返回。同学一路聊天，欣赏自然的美景，觉得非常的舒畅，大家谈笑风生，指点江山，意气风发。这对增进同学友谊、锻炼身体、锻炼意志、互相帮助都非常好。

1960年经济困难时期，聂总十分关心科大师生的生活和健康。他一再叮嘱学校领导和搞后勤的同志，在可能的条件下，尽量把伙食搞好，把生活安排好，以保证教学任务的圆满完成。他对各所兼职教师从中关村到学校上课的交通问题等，都亲自检查过问。

1960年春节，留校同学按照传统的礼节，纷纷去中科院给各所和学校领导以及老教师们拜年，有的老师和领导还专程到学校向同学们回礼。

1960年春节，地球物理研究所专门开了两辆汽车来学校接地球物理系的同学共庆春节。同学们在团拜会上演出了十多个节目，在演唱京戏时，所党委书记热情地上台担任京胡伴奏。吃完丰盛的午餐后，所里还派汽车送同学们游览颐和园。

张劲夫说："建校时，科大后勤来了许多部队转业的同志。我也是搞后勤的。那时候，科大食堂伙食好不好，我的消息很灵通。好多干部子弟回去一反映，电话就到我这里来了。所以，宿舍有臭虫啦，食堂没办好啦，我马上就知道了。"

1964 年，华罗庚开始把数学工具——统筹法、优选法用于生产和管理。他给毛主席写了一首诗和一封信，表达了自己利用科学知识为社会主义建设事业服务的想法和决心，立即得到了毛主席的热情支持。3 月 18 日，毛泽东亲笔复信说，信和诗已经收读，壮志凌云，可喜可贺。

早年在北京的时候，学校的师生关系就十分融洽。师生都在一个食堂就餐，住在左邻右舍。郭校长也拿饭盒到学校食堂吃饭。钱临照教授不仅到寝室、实验室手把手地教同学们学习物理，而且主动为工农速中来的同学开外语补习班。

谢旻进了少年班后，学习勤奋，各科成绩优秀，经多方面严格考核，教育部决定派他直接从少年班出国留学。1978 年，15 岁的他成为我国当时派出理工科留学生中年龄最小的学生。谢旻说："我在中国科大少年班虽只半年多，但这是我一生中最有意义、最难忘的阶段。"

1980 年 11 月，校学生会副主席吴晓斌同学建议，学校召开各种代表大会时，应仿照人大的开法，成立提案小组，让代表充分发表意见，对代表们提出的咨询要限期解决和答复。要开有成效的会，不要流于形式，不要只是从"胜利召开"到"圆满闭幕"。

1981年,801的几名同学凑到一起,想办一份刊物,于是成立了蛙鸣社,《蛙鸣》发出了第一声鸣叫。“蛙鸣”的意思包括两个方面,一是不要做井底之蛙;二是百家争鸣。《蛙鸣》上刊登的文章分为研究性论文、问题解答、人物传记、自学篇、母校来信、国外来信等,体现出治学严谨,学术风气浓郁,作品质量高等特点。

1983年,蒋筑英、罗健夫的事迹发生后,校党委书记杨海波同志在《光明日报》撰文指出,必须关心活着的“蒋筑英、罗健夫”,首先提出在科大为中年知识分子开办营养保健食堂。学校专门从校长基金中拨出一笔经费,人事处、校医院和各系领导共同拟定就餐人员名单。第一批就餐人员包括正、副教授9人,讲师18人,助教3人。就餐人员每月轮换一次,每天中午一餐,标准是三菜一汤(1.50元),由校医院按高蛋白、多维生素和低脂肪的原则参与审定食谱。

1983年3月,物理系80级学生裴仪进在丁肇中先生挑选的研究生考试中获得总分第一的好成绩。校刊记者在采访报道中称其生活方式为四点一线,即教室、宿舍、食堂和图书馆,如“蜂一样的勤勉,牛一样的坚韧。”这其实是那个时代科大学子的基本形象。

80年代初,中国科大在校园东南角新建了体育馆,高10余米,长60多米,宽40多米,建筑面积2500平方米。就是这样规模的体育馆,当时竟然是安徽省最大的体育馆。

第一个教师节来临时,校学生会在致全体教师的慰问信中说,伟大诗人泰戈尔说得好——“谢谢火焰给你光明,但不要忘了那执灯的人。”今天,当我们在课堂上倾听你们侃侃的讲课声,在实验室接受你们谆谆教诲的时候,我们深切地体会到,你们就是那伟大的“执灯人”。

过去，家家烧煤炉，“上班工作忙，下班捅炉子更忙”，人们为了吃饭烧火伤脑筋。为了从根本上解决烧饭难问题，1985年4月，校领导决定在校内建立液化气站。在第一个教师节到来之际，1000户讲师以上职称的住户用上了煤气。1985年4月至1986年11月一年间，学校总务处液化气站向全校1812户教职工提供液化气钢瓶2076只，平均每天供气500公斤左右。做到了随到随灌，当日可取，从未间断。

1985年12月20日，学校成立学生伙食管理委员会，归属学生会生活部，由校学生会生活部委员、校生活处领导以及各系学生会生活部长等组成。

1986年4月，当时在美国深造的物理系80级激光专业学生陈向力、袁睿翕、顾春、杨仲侠、何三雄和朱畅给母校来信表示，当他们得知从1986年起我校将设立TOEFL和GRE考试点之后，主动提出他们个人出钱资助物理系激光专业在校生参加以上两种考试的报名费。计划每人每年捐出50美金，并准备继续扩大人数。第一年他们6人捐出300美元。

1986年，年仅17岁来自九江一中的江西省高考状元聂开文以650分的成绩名列科大86级本科生榜首，进入近代物理系。在谈到对科大的印象时，他说：“这正是我理想中的高等学府。科大既然称之为第一流的学府，当然应有第一流的学生。科大学生刻苦用功的程度使我吃惊，过去的成绩不能多提了，我要把科大当做一个新的起点。”

1986年7月，我国首次参加国际中学生数学竞赛，派出了6名中学生参加，结果是得了3个一等奖，1个二等奖，1个三等奖，总分名列第九，成绩斐然。自华罗庚教授50年代创导数学竞赛以来，中国科大数学系的老师对中学数学教学以及数学竞赛，一直有着十分浓厚的兴趣，并且有一支多年参与这项工作的队伍，为中学数学竞赛作辅导报告就是其中的一项工作。1988年科学出版社出版了《数学奥林匹克竞赛辅导报告》，龚昇教授为该书作序，称赞该书是按照华老"居高才能临下，深入才能浅出"的标准选择的，真正能够对同学们启发思路，拓宽视野起作用。

一次，867班一个同学急性阑尾炎发作，需要住院开刀，可是医院没有床位。班主任王俊新得知后，立即让同学从他家里搬去了一张活动床。开刀时，王老师和他爱人守在病房门口直到深夜十二点才回家。手术后的一星期病人只能进食流质和半流质，王老师便一日三餐为他烧可口的饭菜，而且亲自送去。王老师还发动学生日夜守护病人身边，这不仅在身体上而且在精神上给予了病人无微不至的关怀。这位同学很快恢复了健康，并且改变了孤独内向，不善于和人相处的弱点。他的父亲后来写信给王老师说："这孩子从小失去母爱，现在重新获得了母爱！"王俊新说，当班主任需要的是婆婆的嘴、妈妈的爱和爸爸的严。

6月份天气炎热，正值英语四级考试前夕，8914的班主任杜定准特地买了20多斤黄瓜给同学们当水果，还从印刷厂要来窄长条纸边，给同学们做英语单词记忆卡片用。他说当班主任是"苦多，乐也多，苦在乐中，乐在苦中。"

1987年3月21日周六下午，校团委组织了第一次"为您服务"活动。各系团总支在东区报栏前组织了各具特色的服务点。有修理电器、烫洗衣服、修配钥匙和修手表的，有补衣、补球拍、补脸盆的，有理发、称体重、量身高的，还有交流图书、健康咨询检查等，可谓"八仙过海，各显神通"。参加同学多达五六十人，还有不少老师也加入进来，短短一下午，06系服务点承修了近百台各种音响电器，许多收音机、录音机因机构、器件原因，不得不带回利用课余时间继续做。12系服务点6

个86级女孩子花了三个半小时用石油醚辛勤擦洗了50多件滑雪衫。合肥自行车厂的工人服务队应校团委邀请，组成6人服务队来校服务，他们带来了许多修理配件，免费为大家修理自行车，一个下午每人修车近20次。

1987年3月30日晚，著名舞蹈艺术家彭清一应邀给全校2000多师生党员和积极分子讲了一堂别开生面的党课。舞蹈家讲党课本身就是一件新鲜事，在讲台上又唱又跳就更新奇了。3个小时下来，56岁的彭清一已经声音嘶哑，大汗淋漓。经久不息的掌声说明了这次讲课的成功。

1987年5月17号下午，学校水上报告厅挤满了听众，我国著名超导专家、校友赵忠贤、陈立泉关于国内外高温超导研究的专题报告，拉开了科大首届科学节的帷幕。科学节的宗旨是提倡“科学的精神、求实的作风、严谨的态度、活泼的思想”。

1987年校报编辑部在全校招聘首届特约通讯员15名，他们是：8512周松涛、8605阎晋、罗自力，8607刘蕾、吴向红，8507朱树帅，8504韩晓波，8500邱介华，8510刘军，8711徐永忠，8506姜岩、褚穗红，8708谢为乔，8602胡荣湘，876研究生刘高生等。

1987年9月12日至10月18日，科大87级786名新生赴中国人民解放军蚌埠坦克学院进行为期五周的军事训练，同学们以“站一小时不倒，坐两小时不动，跑一万米不掉队”的军人标准严格要求自己，培养了集体观念、磨炼了意志、锤炼了友谊。

1987年，学校西区正在建设之中，87级新同学就住西区，条件艰苦，教室简陋，生活不便。他们在致全体老生的一封信中表示，发扬科大创建时期的好传统，艰苦奋斗，巩固军训成果，开创“西区精神”。

学校西区刚刚建设的时候，有校友这样回忆：夏天，一人深的荒草随着微风起伏，永远唱歌的蝈蝈、红蜻蜓、绿蜻蜓在草丛和水塘间穿梭。听到人的脚步声，几只青蛙相继跳入水中。水面荡着微波，碧绿的水中游着小小的黄鳝和水蛇，有时还有鱼儿“扑通”在水面上翻个跟头，仿佛在诉说着他们惬意的生活。在嫩绿的新苇里，立着三两学生，捧着书本读着。早上如果起得早，会看到水塘里特别热闹，红红的太阳从芦苇丛中升起。看着鱼儿的舞蹈，呼吸着新鲜的空气，你会觉得这简直是世外桃源。入夜，震耳的哇鸣响彻闪着皎洁月光的水塘，偶尔小鱼哗啦翻个跟头，将月光击成碎片。此时你只觉有一首歌在心中唱着，可是你不知道它的旋律，他也怕唱出来会打破这美丽的宁静。于是就静静地立在那里，倾听着大地的歌声，享受着这无与伦比的旋律，沉浸在一种难以言状的激动之中。

那时的西区，生活很不方便，同学们晚上在1、2号楼两头的大房间上自习，但那儿容量小，占不到座就只能到平房去凉快了。夏天在平房上自习其实挺不错，读一会就放下书本出去了，听听蟋蟀叫，或是躺在草坪上数数星星，有时就会被夜风吹得迷迷糊糊了，有时遇到同学，聊聊家乡，聊起劲来就越走越远，远得平房的灯光像星星，远得铃声若有若无地响了，才匆匆回去收拾战场。

为了全面了解大学生素质状况，促进决策科学化，1987年下半年，由中国科大党委副书记刘吉牵头，学校对国内40多所院校各种类别的万名本科生、研究生开展了问卷调查活动。此次活动规模之大、内容之丰富在国内尚属首次，调查组运用计算机对200万个数据进行处理，进行定量系统分析研究，掌握当代大学生对人生、社会、事业、爱情、理想、前途问题的认识现状及选择意向，为高校学生思想政治工作科学化提供依据。根据这次调查的结果，学校编辑出版了《当代中国大学生的思考与选择》。

1988年初，62岁的谷超豪教授被任命为中国科大校长。谷超豪说："我的一些朋友，包括国外的一些学者，得知我出任科大校长，都说科技大学是一所非常重要的学校，都向我表示祝贺，我也感到很荣幸。我打电话给陈省身教授，因为要来科大不能如期访问美国加州，他说，应该，这件事很重要。"

根据学校教代会的决定，1988年4月，学校设立了校长信箱，截至4月20日，共收到师生员工反映情况的信件20余封，其中多数都是学生写的。校长信箱在报栏、西区和一号公寓各设一个点，隔一天就开箱一次。收到的信件是写给哪位校长的，管理人员便立即送交该校长亲自阅处，根据情况迅速答复或尽快转给有关部门处理，并及时检查处理结果。由于当时写信大多数都是匿名的，秘书长姜丹希望学生记者能够宣传一下，他说："让大家写信时署一下名。本来校长们打算有信必复，可现在绝大多数信没有落款，怎么复呢？"

1988年4月17日，87级研究生与87级新生联合创办的英语俱乐部在东区外语楼703室召开成立大会。俱乐部的负责人是10系的研究生，在本科阶段他就致力于英语的趣味学习，与伙伴们创办了Morning Star报，建起了英语乐园(English Paradise)。英语俱乐部的宗旨是为同学们学习英语提供场所、资料、书籍、录像等，加强同国外院校的联系，促进同学与外籍朋友之间的了解。

1988年4月26日，西星诗社成立。诗歌是青春特有的表达方式，在西星诗社成立大会上还举办了西星诗歌大奖赛，87级研究生方圆的《黄河永恒生命》和87级本科生张超的《十七岁》获得诗歌一等奖，还有

20多名同学分别获得了二、三等奖。

1988年5月1日，校团委主编的社科综合性杂志《思想者》创刊。同日，思想者协会成立。这是一个社科智能型学生社团，旨在为广大社科爱好者提供互相学习交流的场所，该协会对社会科学各分支学科进行系统研究，并定期举办讲座、沙龙、演讲会，推进科大学生社科水平的提高。

1988年5月24日，少年班成立十周年晚会上，邵中在发言中提出"少年班精神"，"少年班的环境和气氛促使我们在多年的生活中形成了一种难能可贵的'少年班精神'，即一种强烈的进取心和自信心，这种精神使得我们在学习上、生活上始终能够做到精力充沛、勇往直前。"

1988年校团委和校勤工俭学办公室组织全校小发明大奖赛，经过对30多份作品的评审筛选，846杨永生的作品"磁带录音及电脑测速仪"获得二等奖；86级研究生陈朱的作品"SMC音乐彩灯自动控制器"、86级少年班蔡震雷的作品"家用电子数字钟"、06系王占军的作品"神梳子"、872任宝瑞的作品"单双声道通用插头"、858曹涵的作品"无能源自动吸尘黑板擦"等获得三等奖。

1988年7月24日，867孙卫东同学与哈尔滨工业大学的王建波同学一起，骑自行车从漠河出发，一路风风雨雨，几度死死生生，终于完成了纵贯神州的壮举。沿途他们还进行了一系列的考察活动，掌握了丰富生动的第一手资料。《中国科大报》从1988年11月30日总第232期开始连载孙卫东同学的考察散记《一万里路云和月》。

20世纪80年代经济改革大潮冲击全国，在学校流行这样一种说法：大学生未来的前途有三条路，一条是红路，学而优则仕，从政当官做管理，一路飘红；一条路是黑路，一心做专业做科研，一条路走到黑；一条路是黄路，跳进市场经济的大潮中，从商做企业，挣点黄金白银。1988年“郭沫若奖学金”获得者彭晓宏对此有自己的观点，他说，目前学生前途的红、黑、黄路说法是否有些片面，难道不能出现“红专并进，黄黑交融”的情况，现在出现的科技企业家不就是黄黑交融的例证吗？

少年班83级邵中利用业余时间参与研制“通用教务办公室自动化系列软件IEOAS”课表调度软件系统的编制工作。该系统利用专门的辅助系统，查询并协助解决排课中出现的难题，使排课更合理。大学生学籍成绩管理系统则是83级少年班洪捷飞同学编制的。这套系统在国内高校推广，得到广大教务工作人员的好评。

1989年4月30日，《中国科大报》策划了“当代大学生的价值观”调查和讨论。8711的黄登胜同学的调查显示，71.4%的同学选择“在奉献和获取平衡的前提下为社会贡献自己的聪明才智，实现人生的价值”，认为“只要个人生活幸福如意，人生就有价值”的同学与认为“人生的价值在于为祖国和民族的利益，为社会的发展奉献自己的一切”的同学各占5.4%。

80年代标准的科大学生：厚镜片、绿书包、掉瓷的餐具。

80年代，图书馆自习室每晚十点要闭馆。这时候同学们的去处就是所谓的“通宵教室”。当时一教大楼的几个教室，晚上都不锁门，“夜猫子”们可以在那里用功。后来学校将图书馆东头的一间自习室也专门腾出来作通宵教室。当“夜猫子”们半夜一两点上完自习要回宿舍时，早起的“百灵鸟”们又来学习了。这样一来，这些教室的灯火是夜夜不灭。

1989年4月4日至8日，校团委举办了中国科大首届大学生辩论赛。比赛采用单淘汰制，每系一队，共13支代表队参加了比赛。辩题都是围绕校园里的热点问题和焦点问题，半决赛和决赛的辩题是“大学生谈恋爱利大于弊”、“大学生经商利大于弊”、“21世纪科大能否成为中国最优秀的高校”等。

90届毕业生萧君逸作别学校时把科大比作啤酒：“初尝，苦；再啜，淡；三饮，便舍他不得了。”

88级的胡斌同学在《科大随想》中说，自己在科大学习了两年之后忽然发现学校的可爱了——教师认真负责，学生自强勤勉。“他们没有夸夸其谈的口才，没有也不需要在人前卖弄的才能，没有把宝贵的时间、精力放在不切实际的想象上。他们以对祖国和人民负责，对学校负责，对个人负责的严肃态度，谦虚谨慎，扎扎实实，努力做好本职工作。同时具有科研工作者的坚定信念，果敢的行为，坚韧不拔的毅力，因而能够力排千难万险，最终实现自己的目标。”

1990年12月，8916朱德永同学给校领导写信，申请成立“中国科大马列主义学习小组”，得到了学校领导的大力支持，汤洪高书记、尹鸿钧副校长分别作了批示，要求给予积极支持和扶持，并指派社会科学部的老师予以指导。

1990年9月18日，学校军训团90级全体同学和承担军训任务的93652部队全体官兵，致信参加第十一届亚运会的中国体育代表团。9月27日，中国体育代表团在紧张繁忙的赛事中复电学校：“感谢来电祝贺。成绩来自拼搏，荣誉属于祖国，祝同学们军训全面丰收。”

1991年3月1日至3日，学校首次组队参加美国大学生数学建模比赛，分别获得一等奖和三等奖。1996年，又获得美国大学生数学建模赛最高奖——特等奖。

赵忠贤1991年底应邀去瑞典参加诺贝尔奖90周年庆典，去之前，特地请北京一位老师傅定做了一套燕尾服，外套是现代标准的西服样式，但衬衫却做成了胸前带花的19世纪样式。当时一位日本科学家问他是从哪里租的，赵回答说："Made in China"。通过这件事，赵忠贤深有感触，说："我们需要年轻人来跟上变化和形势，不然的话，你就会穿着19世纪的衬衫，外面套着20世纪的燕尾服。"

1992年9月8日，第八个教师节，中国科大2000门程控电话开通。刘乃泉、蔡有智、宋天顺、余翔林等校领导分别拨通了冯克勤、程艺、卢盛宽等教授的家中电话，向他们表示节日的祝贺。程控电话一期工程投资500多万元，其中校内集资200余万，程控机容量7000门。

1994年3月21日，安徽省第一个青年志愿者组织——中国科大芳草社宣告成立。

1996年12月21日，一个以中国科大研究生为主体的科学考察探险协会宣布成立，主席由研究生会主席陈晓刚担任。成立大会上，中科院大气物理所副所长、中国科大兼职教授高登义代表中国探险协会、特种考察委员会、奇异珍稀动物考察委员会等探险组织对此表示热烈的祝贺。

9600班刘国梁说，来到科大，第一感觉就是这里的学习气氛很浓。教室、草坪、寝室，到处充满书香。这里每个人都是高考的胜利者，都是尖子中的尖子。习惯了在成绩榜开头找名字的人，总不习惯把视线移向后面，于是每个人都在暗中较着劲儿。正是这种不服输的精神使竞争很激烈，也正是这种竞争使科大始终在众多高校中名列前茅。

96级少年班罗晓献说，寒假回家与同学朋友见面，交谈最多的是“科大怎样?”我总是简捷地回答：“很棒，科大是一个读书求学的好地方。”语气中总掩不住作为一名科大人的自豪感。科大地理位置并不理想，但我们常开玩笑说：“相对于幽雅宁静、学风浓厚的学习环境，多转一次车的不便，就相当于Taylor展开中的高次项，是完全可以忽略的无穷小量。”

宋晓东校友回忆说，在科大的五年是他打基础、长见识和培养独立思考能力的五年。现在校友们有机会聚会仍经常谈起科大教师的美好故事。记忆可以一直追溯到大一。教一年级高等数学是杜锡禄老师。他开堂就讲明教规：可以不来上课，但迟到不准进门，到堂不能睡觉。他教给大家华罗庚先生的读书秘诀：“从薄变厚，又从厚变薄。”读厚是指展开内容，融会贯通；读薄是指总结归纳，掌握要点。

90年代初，接受外国片熏陶的中国科大男生喜欢这样表达自己对学校的印象：西区像野性而博大的索菲亚·罗兰，加速器是她迷人的胸怀；北区像日本的吉永小百合，温柔有余而略带小家碧玉气息；东区有伊丽莎白的丰满，赫本的娇羞，嘉宝的雍容，梅丽尔的灵气……

92届毕业生方激在《心中常驻芳华》中写道：“在‘弯弯的月亮’走红校园之前，我曾遇到一件很不如意的事情，当时在我感受到一种打击。事后，一个星期天阴冷潮湿的黄昏，我被几个同学‘绑架’到一个寻常小屋，等我醒过神来，发现自己已站在一个由几只木箱拼叠的‘小舞台’上，身边亮着几只用彩色皱纹纸包裹的白炽灯。一只纤巧的话筒递到我的手上，身后的自制伴唱机开始放出动听的前奏。不由自主地，我就那么真诚地投入进自己的歌声，歌声中我体会出这个‘迷你’歌厅对于我的价值。”

1992 年 1 月，江西省南阳邓村，18 岁的邓勇刚获得了全国中学生数学竞赛江西赛区一等奖。北大、南开、复旦、上海交大、中国科大五所高校竞相免试录取他，最后，他选择了中国科大。他选择的理由是“别的学校都是数学系录取，唯有中国科大是物理系录取。”他虽然喜欢数学却更偏爱物理，他说，物理与现实生活贴得更近，学物理更能发挥他的专长。

做学生还是艰苦些好，饭能吃饱就行。邓勇刚说：“好吃和懒做是连在一块的，嘴吃馋了，学习的上进心就没有了。”他的座右铭是：“娘生身，自长志，万里征途靠自己。”他计划用三年的时间完成科大五年的课程。

1992 年 6 月 4 日，918 班的 60 名同学在老师的指导下与学校绿化科共同举办了为校园树木挂牌活动。这是科大首次举办此类活动。

1993 年广东省理科高考状元曾皓宇在毕业之际，写文章说，中国科大是一个真正读书的地方。记得当年填报志愿时，因一句“不要命的上科大”，便毫不犹豫地选择了科大。如时光倒转，他还是会选择科大。科大的确是一个学习的地方：提前占座，晚自习从 17:30 到 22:30，熄灯后走道读书的身影依旧，寒暑假众多学生留校……在这里，优秀的中学生逐步成长为祖国跨世纪的栋梁。

1993 年，由 8903 程继新、9001 黄建省、8911 黄占勇三同学组成代表队，首次参加美国数学模型竞赛获得特等奖。同年，程继新同学被评为全国优秀三好学生标兵，受到李岚清副总理的接见。

1994 年 3 月中旬，校学生会西区体育部与 06 系学生会联手举办“科大首届风筝节”，来自东西区的 29 支队伍参加了比赛。五彩缤纷，别具匠心的风筝在蓝天白云间争奇斗艳。

1994 年 5 月 4 日，中国科大团校成立，首期培训班开学，聘请了 22 位兼职教师。

1997 年，校园内一批热心师生在 BBS 上发起“爱心行动”，此后一年间，爱心行动在全校开展了多项活动，如爱心行动宣传周、校园募捐、图书义卖、爱心舞会、校庆 T 恤义卖、爱心音乐会等，以此募集的“爱心款”累计将近 2 万元，陆续资助了 50 多位特困生，并且促成建立了 10 多对“1+1”联手帮助对子。

特困本科生在收到“爱心款”时，同时能收到一封热情洋溢的信。信中说：“我们都是科大人！同是科大人，就没有权力在同学有困难的时候背过身去。……我们所做的仅仅是对与自己同行的兄弟姐妹说一声：嗨，有什么困难吗？如果你累了，我们愿意帮你背一点重负，直到那个辉煌的终点。同为科大人，我们真切地希望你接受我们的心意，并祝愿你们学业进步，继承我们科大人的优良传统，成为一个合格的人才。”

1998 年，学校 45 周年校庆前，福建校友会从福建运来了一对青灰色花岗岩雕成的近两米高的雄伟石狮。现在，这一对有象征意义的石狮子已庄严地雄踞在科大校门的两侧。科大毕业生别离母校时大多曾与它们合影，留下永恒的大学时代的美好回忆。

在 1999 年 5 月于武汉举行的“世纪之光”全国大学生电视辩论邀请赛上，9815 本科生刘继海同学获得了此次比赛唯一的“最佳辩手”称号。

90级少年班学生、2006年美国材料科学会青年科学家李巨回忆他在科大生活时说，张鄂堂教授，“冷血杀手”也，善“兰花拂穴手”，总能将那些自视老子天下第一的科大学生打得丢盔弃甲，领教过他厉害的人无不痛感要好好看书。更绝的是，他并非只教微积分。凡绿林豪杰出没处，张鄂堂必恭候之——他几乎包揽了所有90级少年班的数学课程，例如数学分析、多元微积分、线性代数、复变、数学物理方法。与“名捕”过招的结果，李巨只在复变上吃了点亏——那门课考了78分。张老师的其他课他统统拿到优秀。

2000年11月25日，诺基亚大学生“我看未来”情景剧大赛全国总决赛在上海复旦大学落幕。中国科大夺得大赛一等奖和最佳情节奖、最佳幽默奖两个单项奖。

少年班2000级学生邓磊于12月27日随第21届大学生运动会海外火种采取代表团赴新西兰，代表全国大学生和230万希望工程受助生，迎接新世纪第一缕曙光，点燃大运会火种。邓磊以613分的高分被科大少年班录取，成为全国希望工程受助生中的第一个少年大学生。

学校BBS网站取名“翰海星云”，网站上的“承翰海之辽阔、比星云之光华”的对联，与老校长严济慈“创寰宇学府，育天下英才”的题词可谓是相互映照。

2003年夏天，学校正在新建的一座学生活动中心外露的通风口玻璃有棱角，容易划伤过往的行人，师生在BBS网站上提了意见和跟帖，学校当天下午就将这里用栏杆围了起来，并打磨了玻璃的棱角。

2004年3月，生命科学学院毕业生李双舟被确诊为“急性粒单白血病”，施蕴渝院士亲笔草拟募捐倡议，以个人名义向上海、云南的数家大企业去函，寻求捐助。在求助信中，她写道："我是中国科学技术大学生命科学学院教授，是中国科学院院士。现有一事向你们求助……为了挽救一位优秀年轻人才的生命，请给予援助……"施蕴渝院士、中科院生物物理所陈霖院士、中科院昆明动物所张亚平院士、中科大周逸峰教授……一长串当今中国生命科学界"重量级"人物的名字签在一份呼吁书中，呼吁为李双舟捐款。在知道李双舟即将进行骨髓移植手术之后，施蕴渝院士又为他送来了1万元钱。

2006年1月28日是农历大年除夕。中午11点，校长朱清时院士和校领导侯建国、李国栋、李定等，与留在学校过年的同学一起吃春节"团圆年饭"，并给每位同学送上100元"压岁钱"。此后，每年春节留校学生都会收到这份礼物。

经中国科学院国家天文台提请，国际天文学联合会小天体命名委员会将国际永久编号第19298号，临时标号1996? SU4号的小行星，命名为"中国科大星"。2008年9月20日，中国科大建校50周年之际，"中国科大星"命名仪式在学校举行。由上海校友会捐款修建的"中国科大星"纪念碑也于同日揭幕。

为庆祝中国科大建校50周年，2008年9月20日，国家邮政局正式发行"中国科学技术大学建校五十周年"纪念邮票。纪念邮票全套一枚，规格40mm×30mm，面值为1.20元。新中国成立以来，仅有北京大学、复旦大学、同济大学三所高校发行过建校100周年纪念邮票，这是首次为一所建校50周年的大学发行纪念邮票。

2008年9月20日上午，学校隆重举行校史馆开馆仪式。全国人大副委员长路甬祥、全国政协副主席王志珍等出席仪式并为校史馆开馆揭幕。校史展览采用通史陈列和专题展示相结合的方式，分肇启京华、弦歌继起、世纪新篇和专题展区四个部分，共16个展厅。馆内展出各类实物、图片和档案史料两千余件，其中，“两弹一星功勋奖章”、我国第一台质子静电加速器、郭沫若任校长时的办公桌等实物极具文物价值。

2009年3月，中国科大在全国高校率先筹建了学生服务中心，并开辟了800多平方米的用房作为办公场所，将涉及学生事务的教务、学位、就业、贷款、户籍迁移等直接为学生服务的职能和岗位集中到学生服务中心办公。中心实行“AB岗制”、“全权代理制”、“首办负责制”和“办结时限制”，并制定了科学规范的办事流程和办事指南。

中国科大行政服务中心于2009年9月10日正式揭牌成立，中心将学校各个部门直接为教职工教学、科研、管理等工作提供服务的职能和岗位集中办公，提供“一站式”的便捷服务。中心实行“AB岗制”、“全权代理制”、“首问负责制”和“办结限时制”等管理运行制度。

2010年6月6日，由中国科大“木石前盟红楼梦书友会”主创、主演的第一个学生校园版《红楼梦》在大礼堂首演，获得观众首肯。演出时长1小时，共包含“黛玉进贾府”、“宝玉挨打”等四幕剧。该剧的演出在校园内掀起了一股红楼热。该剧演职人员有三五十人，学历最低是本科生、更有数位博士生参与其中，被称为“史上学历最高的红楼剧组”。

2010年上半年，学校陆续为5000个学生宿舍全部安装了空调，加上外部动力系统改造、内部线路改造以及安装等费用，共花了5000多万元。新生报到前学校为每个宿舍的“电能卡”预存了20度电，让新生一到宿舍就能用上空调。

为纪念“两弹一星功勋奖章”获得者、中国科大化学物理系首任系主任郭永怀先生，由中国科大排演的大型多媒体原创音乐剧《爱在天际》于2012年12月15、16两日在校大礼堂首演。值得一提的是，本剧除郭永怀、李佩和女儿芹芹外，其他演员均由科大学生担任。2013年4月28日晚，该剧在北京航空航天大学晨兴音乐厅隆重上演，郭永怀夫人、95岁高龄的李佩亲临演出现场。

2013年1月18日上午，英才书苑举行揭牌仪式，书苑位于东区新图书馆二楼西，面积1000多平方米。是集收藏、阅览于一体的新书展厅，中文图书展示品种达15万种，外文图书达7000种。书苑环境优雅、舒适，内有近170个阅览座位，并开设视听区域。

“十年后的你，将在哪里等待现在的自己？写下你的未来，带着梦想去远航。这一刻，让青春驻足。”中国科大2013届毕业生在离校前夕都收到了一份这样的邀请。这就是由中国科大校友总会和校博物馆联合主办“时间胶囊——致未来的一封信”活动，由校友总会负责收集“青春”，校博物馆负责保存“青春”。这些信件将在十年后这一届校友参加的校友值年返校纪念活动中举行启封仪式，在校友总会、全体返校校友的共同见证下，由校友代表进行启封。

花开的声音——中国科大的那些人那些事

逸闻第七

1981年3月12日，张劲夫在首届郭沫若奖学金颁奖大会上作报告，谈及中国科大的创办时说："那时胆子大，我们就在报上登了广告，什么时候招生，招多少人。可是，我们赤手空拳，怎么办？广告上登的校址是北京西苑。这一宣布，中调部的负责同志着了慌，因为西苑的房子是他们单位的。他们找到杨尚昆同志，说，郭老办科技大学要占我们房子，怎么办？于是尚昆同志就找我，说：'劲夫啊，你们怎么搞的，也没同我商量商量。'我说：'广告已经登出去了，不好改了。'后来，尚昆同志感到难办，说：'我给你想个办法，中央党校有个二部，已经结束了，房子刚刚交给军委，地点就在玉泉路八宝山旁边。'他要我去找黄克诚同志，黄老当时是军委秘书长，参谋总长。我就去找黄老，请求支持。黄老在军内很有威望，他当即表示支持。聂总也表示支持。我就同郭老说，借你的牌子我俩一起去看看唐凯同志吧（接收该房的部队负责人）。我们俩一到，唐凯同志迎了出来，一见面热情得很，不用我们开口他就说，我已经知道来意了，一个星期内搬家。"

1958年9月19日，郭沫若请科大校歌谱曲者吕骥先生来玉泉路礼堂教学生唱校歌。当时，台上台下、走廊甚至池子里都站满了人。唱歌前，同学鼓掌起哄让郭老来一个。郭老说他不会唱歌，但可以填首词。他背着手在麦克风前面转了三圈之后，摇头晃脑地唱了起来。记得郭老填的那首词词牌是《声声快》，原为《声声慢》，就是李清照那首"寻寻觅觅，冷冷清清，凄凄惨惨戚戚"，郭老改成了"蓬蓬勃勃，烈烈轰轰，轰轰烈烈轰轰"，他又是唱，又是念。第二天的《人民日报》就发表了。

郭老请吕骥先生教同学们唱校歌后，不少同学都围着郭老一起在玉泉路的校园里漫步，想多看看校长。黄吉虎回忆说，他最先跑到了郭老后边，后面一大堆同学都想往前拥，慌乱中，居然把郭老的鞋踩掉了一只。结果郭老的秘书王廷芳只好脱了自己的鞋子给郭老穿——因为那只鞋不知道跑到哪儿去啦。郭老走后，郁文书记对同学们说，你们这些人呀，把郭老的鞋都踩掉了！

张劲夫说，当年科大初建时，好多同学家里是很穷苦的，下了火车，自己挑着行李，从北京站步行到学校。还有不少南方来的同学，穿不起鞋子，赤脚上课。许多同学买不起计算尺，钱学森同志把得到的科学奖金捐了出来给同学买计算尺，郭老用他的稿费为学校修了游泳池。

学校用数字来区分系别，让新生们大为头痛，其实这是因为科大建校初期系和专业处于半保密状态，只能使用数字作为代号，这个传统一直保留到现在。

起初学校共12个系，后来增加了地球物理系，就是13系。赵九章先生是著名的地球物理学家，他提议增设地球物理系。但是当时已经来不及在全国招生了，只能在四川省内招生，就造成了58级的地球物理系都是四川人的有趣现象。

1958年，全国掀起全民大炼钢铁的高潮，科大师生在校门口西南角的空场地上，自己动手，砌起一个个土炉子，把从西直门运回的铸铁块砸碎，按比例加上焦炭送进炉内，用鼓风机送风提高炉温。同学们人人手执长杆钢钎，轮换着在炉内不停地搅动，被称为“炒钢”。

1958年的冬天，党委书记郁文在校园里看到一些四川来的学生在严冬季节还打着赤脚。他就在一次全校大会上说：“你们搞后勤的，怎么搞的？天气这么冷，还有学生打光脚，怎么不给他们发双鞋?!”不久，学校后勤部门就给一批学生发了过冬的棉鞋。

“大跃进”年代，什么“奇迹”都能创造，全民写诗也掀起了高潮。有一位小女孩写诗云：“别看作者年纪小，写的诗歌可不少；一心超过李杜诗，快马加鞭赶郭老。”郭老看后不但写了信，并回诗为：“郭老并不老，诗多好的少，老少齐努力，学习毛主席。”

59级赵忠贤高中毕业时，对全民“除四害”(消灭老鼠、麻雀、苍蝇和蚊子)说过几句风凉话，操行就变成了“良”，就不能报考哈尔滨军事工程学院这些好学校。他很不服气，就去办公室找老师。在老师桌上看到中国科大的招生简章，封面很吸引人，他对老师说，我能看吗？老师让他看，他一下子就被吸引住了：大师级的科学家都在科大做系主任或者教授，科大是科学院办的。于是他高考志愿就报了科大。后来，老师觉得他学习成绩挺好，为了操行是“良”不能上好学校也很遗憾，就把他的操行又改成了“优”。那句反对卫生“大跃进”的话也去掉了，就这样，赵忠贤顺利地考上了科大。

建校初期，学校校园面积很小，显得非常拥挤，但是同学之间的友谊和团结精神很浓。郭沫若校长曾风趣地说：“科大的特色是校园拥挤，使大家团结紧密。”那时低年级的同学把高年级的同学亲热地称为老大哥、老大姐。三年困难时期，午餐就是两个窝窝头和一大碗菜汤。由于食堂拥挤，经常发生一个同学把菜汤洒在另一个同学身上，这时只要一方说声“对不起”，另一方马上连声说“别客气”，“没关系”，彼此一笑了之。

1959年秋季，58级学生在密云水库劳动结束后，学校用解放大卡车送他们返校。汽车发动后，不知哪个系的同学带头唱起了校歌。随即，其他各系的同学们全都跟着唱了起来。从新建的首都火车站，路过灯火通明的东、西长安大街，经复兴门、公主坟、五棵松，直到玉泉路校门口，1000多人站在一辆辆汽车的装载仓中，让“迎接着永恒的东风”的校歌声，此起彼伏地响彻云霄。尽管已是深秋的夜晚，同学们却不怕带着寒意的凉风迎面扑来，忘记了劳动与旅途的疲劳，越唱越高兴，越唱声音越洪亮，引起20多里长的街道两旁行人的注意和惊叹。

郭老是国内外的著名人士，当时又担任着国家许多部门的领导。同学们私下纷纷议论说，郭老兼我们校长，他工作那么多、那么忙，我们能经常见到他吗？就是偶然见到了，恐怕也不太容易接近吧？有的同学“总结”说，经常见不到也没有关系，只要毕业证上有他老人家的大印，咱们也就满足了。

有一年“五一”国际劳动节，在学校大操场及校内空场地上，各系围成圈进行文娱联欢活动。同学们只顾兴高采烈地唱歌跳舞，谁也没有想到郭老竟走走停停，一个系一个系地观赏同学们表演。可能是被同学的精彩表演吸引住了，郭老竟把右脚上的步鞋脱了垫在屁股下，坐在地上悠然自得地看了起来，并一再摇手不让工作人员去搬椅子。

在一个星期一的早饭时，同学们陆续走向食堂，忽见一辆黑色轿车停在食堂门口。那时正是三年困难时期，大家经常为伙食的菜饭多少、馒头大小给食堂提意见。看见汽车就都猜测是哪位领导来食堂检查伙食情况，但来得太早了啊！正说着，郭庶英与郭老先后下车走进食堂。“郭老来了。”顿时，同学们加快步伐进了食堂，热烈鼓掌欢迎郭老的到来。郭老挨着餐桌一一看望同学，并询问同学们的学习情况以及伙食，他老人家看看碗里的饭菜，又问能够吃饱吗？还边走边和挨近他的同学们握手。然后走进食堂操作间看望了大师傅们并和他们一一握手。大师傅们深为感动，急忙把双手在围裙上擦了又擦，向前走几步，激动地双手握着郭老的手直摇。

一次，《人民画报》拟刊登一篇介绍中国科技大学的文章，郁文将这件事和郭老说了。郭老便亲手将文章写成，并附上便函：“郁文同志：《人民画报》需要的文章，我草拟了一篇，送上，请您斟酌。”

一次，郭沫若校长开完最高国务会议便赶到学校参加党代会，接着便和学生代表座谈，一直到下午五点又去参加别的会议去了。汽车启动的时候，大家才知道郭校长还没有吃午饭。

学校初建时，学校的主楼刚盖好还没有暖气。严济慈先生上课时，不光技术物理系的人，很多其他年级的人都来听课。教室大概能坐500人，天气冷，他讲课讲到一半时，就跺脚，同学们也跺跺脚取暖，然后继续上课。

学校在北京的时候，当时每年都有大学生去天安门游行，游行后集合的时候，别的学校要喊半天，科大人一唱校歌就把人找齐了。

天安门前游行时，要找科大的队伍很容易。哪个队伍穿得最土，一停下来就看书，那就一定是科技大学的队伍。科大的学习风气在当时北京50多所高校中最突出，叫人肃然起敬。早上两三点，有的同学去图书馆早读，会看到许多开夜车的同学还没回去。星期天根本没人上街玩，连党委书记郁文亲自动员也无济于事。学校提出劳逸结合，星期六晚上跳集体舞，可总没人来，后来团内对团干部跳舞作了组织要求，可舞场在科大总是一个冷清的地方。

川籍校友李崇银将军回忆他当年在学校的两个小故事：13系同学刚进校时，很多人都赤脚不穿鞋。有的是因为没有钱穿不起鞋，有的是有鞋舍不得穿，还有的是不习惯穿鞋。他们总是光着脚丫子在校园里走来走去，去教室上课，去操场跑步，参加劳动，包括到北京大街都不穿鞋。为了看天安门，有同学甚至光脚丫走一两个小时到天安门广场。当年科大各系主任均由各研究所所长担任，系主任助理和一些干事许多都是从部队转业的团长、副团长，学校实行半军事化管理，每个礼拜都要点名，点名时要讲纪律，有不对的事要批评。而13系开学不久就被点了好几次名，都是因为学生光脚丫子到处跑，其中就包括光脚丫去天安门广场的。那时候，光脚丫几乎成了13系的一道有意思的风景。

另一件趣事是，四川学生农村里穷孩子较多，很多同学没有棉衣。于是，解放军政治学院就支援了他们一批过冬黄军装。李崇银将军也得到了一件，一直穿到毕业，军棉衣很厚、很暖和，只不过有些破旧，大概补了四五个黄色补丁。冬天学校开大会，老远就能看到人群里面的一大片黄色，有人要找13系，只需找那片黄颜色就行了。

1959年秋天，何多慧光着脚丫，走出了绵延起伏的大巴山区，独自登上了北去的火车。经过五天五夜的长途跋涉，何多慧来到北京，光着脚丫大步跨进了中国科技大学校门。接待新生的老师们惊呆了，上下打量着这个浑身冒着土气又透着灵气的小伙子。几十年以后，何多慧仍然动情地说："我是光脚丫子走进科大校园的。那是我第一次走出大巴山，来到外面的世界，走进科学的殿堂。"

1959年，学校开展向国庆十周年献礼活动，工程热物理系58级学生准备用自己研制的V-I飞航式火箭的脉冲发动机作为礼物，当时有十多个学生参加了研制工作。

研制出来后，几次点火不成功，原因是发动机进气通道的活门，同时又作为堵塞燃气返泄的金属簧片，在有压高温的情况下变形丧失了弹性，使发动机无法工作。为此，钱学森教授来校进行了两次指导，一次是讲解脉冲发动机的热力过程，另一次是启发同学们怎样解决这个簧片问题，他说，要选用一种既耐高温又有弹性的合金材料做簧片。经过大家的努力，找到一种比较薄的镍铬钛合金板材做成簧片，又经过不断的改进，终于试车成功了。

试车的那天晚上，由于推力太大，发动机发出雷鸣般的吼声，当时的学校秘书长王卓在好几栋楼以外听见声音，他不知是怎么回事，赶过来一看，很高兴，说挺好，挺好。

1959年1月3日，苏联宇宙火箭登月成功的消息传来，师生们都感到无比兴奋。学校广播播送这条消息后的短短4小时内，校刊编辑室就收到了63件来稿，字里行间洋溢着崇敬和激情。有同学认为："一向吹牛的美帝，放射了好多次'山药蛋'，结果还是倒栽葱。"当时，校刊一篇报道的标题就是："苏联的宇宙火箭上太空/美国的月球火箭倒栽葱/东风更压西风"。

副校长冯克勤在少年时就对数学着迷，1959年高三毕业时，在科大的招生手册中看到华罗庚给科大58级学生上课的一张照片，便马上报了名。进校后，他亲耳聆听了华罗庚讲课。大学毕业后，他又考取了华罗庚的研究生。

当官不如搞业务是科大历来的传统。早在1959年10月，科大秘书长王卓就在校刊发表文章，说："有些部门的干部不安心现职工作，认为搞行政工作没有出息，费力不讨好，要求改行。"

1959年11月23日，郭沫若校长给郁文写信："由于《沫若文集》的出版，版税积累不少。我现捐赠科技大学两万元，作为同志们的福利金，特别帮助衣被不足的同学。附上兑票乙纸，请查收，并予处理，为荷。"

5910级校友西安近代化所副研究员郑远洋回忆说："我们当年是8个人一个宿舍，进出宿舍都要侧身走。困难时期由于副食品少，不少同学都得了浮肿病。校领导关心大家健康，决定周末晚上举办舞会，要大家跳跳舞。团支书和班长到各宿舍和教室喊人，结果来的人还是很少，因为同学们舍不得丢下书本。科大同学以刻苦朴素闻名北京，当时曾流传说'不要命的上科大'，可见我们科大同学的拼命精神。"

58级校友张德田在32周年校庆之际，回忆学校的学习生活。科大学生的一大特点是集体主义思想浓厚。他记得他们班挂的大字横幅标语是："发狠心，下苦功，勤奋学习，红专并进"。在党团支部的领导下组织开展"一帮一，一对红"活动，这样他们班无论是思想上还是学习上没有一个掉队。领导、教职员工与全体同学打成一片，共同克服困难是科大的优良传统之一。刚建校，教学设备短缺，物资困难，郭校长带头赠送电影放映机，钱学森赠款改善教学设备，体现了学校领导与学校同甘共苦的宽阔胸怀。三年苦难时期，郭老和各级领导不搞特殊化，和同学们一起在大食堂吃野菜包子，还亲自下食堂装饭打菜，共渡难关。身教胜于言教，大家非常感动。

1960年7月20日第74期《科大校刊》刊登了停刊启事，停刊的原因是：中央关于反"五多"的指示精神和北京市委关于整顿本市报刊的指示；全国文教事业持续跃进，"纸张虽然增产，但仍不能满足各方需要"。

1962年国家进行了经济调整，食品短缺的情况有了好转，那年中秋节，每人发月饼一斤，青年教师张作生诗兴大发，填词一首："明月几时有，把饼问青天，不知中秋月饼今夕是何馅，吾欲火腿蛋蓉，还有豆沙枣泥，椒盐嫌太咸。起舞休息后，零食可解馋。在科大，思复旦，月夜思，酒醉茅台，何时饱餐吃得肚儿圆。人有饥饱贫富，月有阴晴圆缺，此事古难全，更求有女友，千里共婵娟。"又有诗曰："惯于长夜腹饥时，无妇无雏鬓无丝，梦里依稀满汉席，城头仍飘跃进旗。忍看朋辈成右派，适逢中秋作小诗，吟罢低眉尝月饼，月光如水美滋滋。"

1963年，欢迎苏加诺访华时，中国科大的队伍排在钓鱼台宾馆门口。可等到欢送的时候，只好排到三里河大街上了。为什么？管礼宾的同志说，科大的同学太"那个"了——艰苦朴素。

1963年7月14日，在中国人民解放军政治学院大礼堂举行首届毕业生毕业典礼，会前，聂荣臻副总理和其他领导们要和全体毕业生合影留念。天气奇热，同学们站在各自的位置上等了一会。郭老说，时间不早了，咱们先照吧。郭老话未完，一辆黑色吉普车停在照相圈外，郭老急忙赶上前去迎接，只见戴着墨镜的陈毅副总理从车上走下来，他双手握拳高拱，解释说，本来周总理要来，因他下午接见马里妇女代表团，来不了了，让他代表总理与科大首届毕业生见个面。合影后，郭老主持了毕业典礼。

毕业典礼后的一天下午，首都各校63届18 000多名大学毕业生集会人民大会堂，听取周恩来总理的报告。他在讲完国内外形势后，结合大学生的思想实际，以他和邓颖超献身革命、相濡以沫的工作、生活实际，要求他们参加工作后，要过好“五关”。报告后，主持会议的万里同志宣布，在各省市人大代表会议厅听报告的同学们不要走，总理要和大家见面。没有在一楼主会场听报告的同学都高兴地跳了起来。总理在万里等领导同志的陪同下，与分布在各分会场的同学一一见面。

1964年，陈毅元帅时任副总理兼外交部长，应邀在科大毕业典礼上讲话。他说：“你们是搞科学的，我是搞外交的，你们是我的后台。可我现在后台不硬呀，手里没钱呀。跟外国人打交道，说我是副总理、外交部长，他才不买账呢，可你只要有‘两弹’（原子弹、导弹）一晃，就好说话了。你们搞科学的要做我们的后盾，你们好好搞，我的外交部长就好当了。”

65届毕业生乌可力是乌兰夫同志的儿子，十几岁时就参加过打土匪的战斗，当过保管员、通讯员。1958年，他从哈军工转入中国科大空气动力学专业学习。在钱学森、严济慈等指导下，他从事人工降雨火箭研究工作，担任技术组组长。最终他们研制成功可达12 000米高空、长度为1.73米的人工降雨火箭。

乌可力在“文革”中被打成“反革命分子”,经受了数不尽的磨难。在监狱里,没有纸笔,他就在心里背诵外语单词,忍着饥饿与同牢难友讨论学术问题。在农场,一有时间他就学习专业和其他各种知识。学毛主席语录时,他特意找来外文版学。1972年被平反后,他又全身心地投入到防火材料的研制中,1975年研制成功,获得科学发明奖。邓小平同志在看了有关材料后批示道:“青年应该这样为国家干好事。”

张劲夫介绍,每一次毕业典礼,陈老总、罗总长等许多领导同志都到科大讲话,每届新生开学也都有领导同志到学校讲话。他每学期去一次,当个拉拉队员。

张劲夫向同学们讲了一个沈钧儒的故事。沈钧儒先生是上海救国会七君子之一,有一次写一首诗,题目叫“我是中国人”。本来是要写一些内容的,结果第一句写了“我是中国人”,第二句还是“我是中国人”,第三句想了半天,还是“我是中国人”,最后一句还是“我是中国人”。笔一放,老人家放声痛哭。张劲夫说,热爱祖国,这是低要求,至少要做到这一点,不然你就够不上是一个中国人。

1962年以后,全国“左”风日炙,林彪鼓吹“突出政治”,校党委书记刘达对此持抵制态度。他甚至在全校大会上说,“有人说毛主席的话一句顶一万句,难道主席吃饭、喝水、上厕所说的话,也顶一万句吗?”

刘达敢于直接表述自己的观点,上哲学课时,一个学生问他:“你说世界上的事物都是一分为二的,那么毛泽东思想是否可一分为二?”刘达毫不犹豫地回答:“当然可以。”

1964年,中国科大某教研室通过人事部门提出了一个要调出学校的教师名单,说这几个人表现不好。刘达问怎么不好?回答说是“有走白专道路的倾向”。刘达没表态。恰在此时,严济慈来找刘达,说有几个年轻教师要调出去,据了解这几个人学术底子都不错,是有发展前途的,调出去太可惜了。刘达听从了严济慈的意见,把这几个年轻教师留下来。现在,这些人都在学术上有所成就,成为了知名学者。

刘达说:“现在都在讲金无足赤,人无完人。实际上,往往还是对人求全责备,特别是对知识分子。知识分子中有些人是有这样那样的毛病,有些人钻到他的业务里去了,不懂其他事;还有些人有怪癖,可是他真有学问。这样的人还是用其所长嘛!真正爱惜人才,说起来容易,做起来很难。大概是因为我在学校工作时间长,对知识分子多一些了解就是了。”

刘达与严济慈之间有着深厚的友情。刘达任全国人民代表大会常务委员时,常与严老在会上见面。他总觉得在会上见面谈不了几句话,还经常去严老住所访谈。他对严老非常尊重,曾题赠严老一幅字:科学之光。严老也题赠刘达一幅字:老骥伏枥。

大约在1990年以后,刘达和严济慈两人年纪都大了,刘达仍定期去看望严老。两位老人见面后都很高兴,但因年事已高,说不了太多话,二老就相对而坐,相视而会心地微笑,在无言中交流着真挚的情感。每当刘达告别时,严老总是一直送到大门。

1982年夏,《北京晚报》要以“百年树人”为题刊登一篇刘达的专访,文中称他为教育家,他不同意这个称呼。他说:“当教育家要有自己的教育思想。我有,但不系统,不完善。我自己不教书,我非常尊重专家和教授。到科大上任之初,我花了三个月的时间拜访在科大任教的教授和科学家，形成了我对办好科大的一些想法。主要是加强基础课，提高学生分析问题、解决问题的能力，特别是加强学生的实验技能训练，提高学生的动手能力。可惜当时政治运动太多，我到任不久就去搞‘四清’，‘四清’的队伍还没撤回来，‘文化大革命’又开始了，没有时间去实现这些想法。大学里领导核心很重要，要真正实行民主也没这么容易，从上到下有许多糊涂观念。比如，我作书记，有同志说在党委会上书记一人算三票，副书记算两票。党内哪有这种规矩？可说服这些同志也不容易，因为那时党内民主生活不正常，有许多地方和部门还不是一人说了算！我说我只算一票。大家刚适应，‘文化大革命’一冲，党委垮了，谁的票也没有用了。粉碎‘四人帮’以后，我到清华大学，主要是坚定不移地‘拨乱反正’，为一大批蒙受不白之冤的干部和知识分子平反，有些办学的想法还没有条理化、系统化（主要是想办成文理并重的大学，摆脱旧模式的束缚）。所以，应该说我懂得学校的工作，解放后对党的教育事业有一点贡献，还不能算是教育家。”

“文革”中，学校迁往合肥。一列列车厢的设备到站后都要去搬运，刘达已年过花甲，也让他去搬，他是搬不动了。工宣队长走过来说：“刘达，怎么你没出汗？”刘达不愠不火地说：“我的汗，这些年都出完了，没汗可出了。”那个安徽著名的造反派头被噎得一句话也说不出来，气呼呼地走了。这事在科大传开来，师生都高兴，好像是替大家出了口气。那时，经常有人来“外调”。“外调”的人总是要刘达按他们的要求提供“材料”，稍不合意，就拍桌子，训斥刘达：“态度放老实点！”刘达平静地回答：“正因为老实才这样说。按你们的调子说，就不老实了。要谈就这样谈，不谈你们就走。”

“文革”中，凡关在“牛棚”的人都要挂着牌子排队去食堂吃饭。刘达胸前是一块“走资本主义道路当权派”，背后是一块“反党反社会主义反毛泽东思想的三反分子”。两块牌的两根铁丝交叉在刘达的脖子上。

有一次在走向食堂途中,另一派来抢刘达。在一片混乱中,刘达奋力脱下两块牌子,拼命向关押他的一派跑去。多少年后,他谈起这件事时说:“我如果不快点脱下牌子,两派一拉,非把我勒死不可;我如果不跑回关押我的一派,跑到保我的一派去,两派会打得更厉害。这是我在‘文革’中最危险的一次。”有人问他:“当时怎么判断那么快?”他说:“急中生智,一切判断都发生在十几秒中,我也不知道怎么会跑得那么快,大概是一种求生的欲望和对两派打斗的忧心在潜意识中起作用吧!”

在被“专政”期间,刘达每天要向专政队汇报思想。有一天的汇报内容是关于打扫厕所,他没有写什么扫厕所使自己“接近劳动人民,有利于思想改造”这类当时流行的套话,而是说他从一楼打扫到六楼,发现一楼的厕所最脏,六楼的最干净,因为一楼的厕所用得最多,因而他建议今后设计楼房一楼的厕所应该大一些,越往高层,厕所可以小一些。这种汇报使专政队领导哭笑不得,从中可以看出他观察细致和办事认真的态度。

近代化学系学生陈孝原,运动初期对刘达持反对态度,后来因“反动言论”被关押,同刘达成为牛棚里的“难友”,两人朝夕相处,使陈对刘达的看法完全转变,遂成忘年之交。后来陈孝原“出狱”离校,刘达以自己的皮袄相赠。刘达在蹲牛棚期间,不仅不低头认罪,竟说服看管他的学生,变为死保他的“铁杆保皇派”,亦属“文革”中极罕见之事。

科大造反派组织“东方红公社”派张腊狗等学生监管刘达。刘达身处逆境,以平常心对待监管学生,娓娓讲述高层内幕及自己经历,令张腊狗等肃然起敬,觉得刘达一身凛然正气,关心国家前途和民生疾苦,认为他是“我党好干部”。

1970 年,中国科大迁校合肥。次年,林彪集团垮台,刘达仍住牛棚。

张腊狗知道后，修书王震，诉说刘达冤情。王震曾在雁北地区同刘达共事，对刘印象良好。他去合肥找刘达竟吃闭门羹，立即致电时任安徽革委会主任的老部下，刘达方获“解放”。

福建校友黄桂源说，1984 年 4 月，刘达去福建调研，在省人事厅任职的 60 级校友侯振刚找刘达征询他儿子报考大学的事情，请教报考清华还是中国科大？刘达说：“我刘达从来不讲假话，今晚李秘书（清华毕业生）也在场，我想两个大学都好，但建议你儿子报考中国科大，道理有三：一是中国科大年轻人多，不埋没人才，更加有朝气；二是教员肯教有冲劲，学校采取特殊政策，实行国外进修来去自由等，人才辈出、学风好，学生勤学好问；第三，是杨振宁先生说的，中国科大搬迁下合肥是件好事。”侯振刚回去跟夫人潘仁庆（60 级校友）合计，接受了这个意见，把大儿子送到母校。不仅如此，后来也把小女儿送到母校读书，现在女婿、媳妇都是科大校友，“一家两代六人皆科大人”一时被传为佳话。

华罗庚在“文化大革命”中遭到批斗，罚扫厕所，被抄家等。科大的几位学生成立了“乌兰牧骑战斗队”，专门为华罗庚事件印发了大量资料，澄清了加在华先生身上的不实之词。另外，他们几次向中央“文革”接待站和聂荣臻办公室反映情况。华老与这几位学生结下了深厚的友谊。

1964 年，郭沫若亲笔书写了《东风吟》：“纵有寒流天外来，不教冰雪结奇胎。春风吹遍人间后，紫万红千次第开。”送给龚昇。

1969 年，学校在大礼堂里召开动员搬迁到安徽安庆的会议，舞台上已经没有幕布，校革委会的头头们坐在主席台上，报告了他们为了搬迁出去考察的结果。学校的搬迁考察组考察了安徽的几个点，其中特别讲到，安庆靠在长江边，活的桂花鱼仅 0.20 元/斤。北京东单、西四的菜市场里有草鱼卖，大约1.20元/斤，活的桂花鱼在北京没有卖，如果有卖按推算就要5.00元/斤。安庆活的桂花鱼仅0.20元/斤，那真是太便宜了。在讲到这个鱼的价格时，会场上很是轰动了一下。

学校传达林彪“一号令”讨论搬迁的会上，大家你一言、我一句，有说“拥护”、“赞成”的，有说“不理解”、“想不通”的，在场的军、工宣队员正极力扭转这个局面时，钱志道忽地站起来，满脸怒气，拍着桌子大声对军工、宣队员说：“这简直是胡闹”，拂袖而去。

651罗海鹏回忆，学校一迁到安庆，我们的学生篮球队就和市体委篮球队进行了友谊比赛。对方都是高高大大的，打球动作也很漂亮，但是他们竟然输给了我们。第二天他们又要跟我们赛，我们当然乐意迎战。没想到，一上场，对方的人全换完了，上来的也是一帮跟我们一样的球油子，更没想到的是，我们这次竟然输给了他们。史济怀老师解释这种现象时说，还没有到一个较高的水平上时，大路球是打不过小路球的，乒乓球也是这样。

安庆市委党校在一个高坡上，科大学生住的楼房有凉台。有时，学生就在那凉台上自拉自唱，罗海鹏手风琴伴奏，高建国、邵燕华、张京、王元元等唱《江姐》、《红灯记》里的歌，搞得外面街上很多行人停下来听，大概安庆人还从来没见过这种场面吧。

1969年底，学校南迁安徽，起初落脚在安庆市马山党校，屋里没有床铺，没有被子。因为武斗，屋里连窗子都没有，一间屋子要睡十多个人。时值冬天，水泥地很冷，没有席子，就从附近老乡那里买来稻草铺在地上。稻草在科大去之前只要2分钱一斤，连买了几天稻草后，周围几个村子的稻草就涨到5分钱一斤了。铺点稻草，各人自带被褥，就睡在稻草垫上，不少老师从此患上了关节炎。据说，当时负责行政后勤工作的刘兴汉找来一段竹竿，在地上比划着量出每个铺位60公分宽。睡觉时有人要想翻身，要大家一齐喊“一二三”才行。那一年的雪下得特别早，天气骤冷，连山上的自来水管都冻上了。用水要过一道沟、爬到对面的山坡上去挑，条件十分艰苦。

随着师生越聚越多，食宿等基本生活无法保证。当时，人们思想混乱，行政人员也不敢向安徽省革委会反映。于是，科大20位热血沸腾的学生，自发组织，决定赴合肥市向省革委会反映情况。他们借用了学校一辆校车，途中两位同学因事下车了，其余18名同学来到合肥面见当时的省革委会领导。开校车的师傅由于要看管车子，没有进楼，被算为“半”个人。

十八名同学面对领导实事求是地反映情况，据理力争，使省革委会主要领导了解了科大办学遇到的极大困难。但有个别领导却从政治角度考虑，要追查学生背后是否有人鼓动，是否在搞什么政治名堂。为此，有人把这次学生上访行动定性为“十八个半事件”。经过一番调查，证实是学生自发行为，报告的内容也是事实，“十八个半事件”也就不了了之。

后来，中国科学院和安徽省革委会经过协商，决定将科大从安庆搬到合肥，落脚在合肥师范学院和银行干校的校址。当时的合肥师范学院人员，早已分流到芜湖等地区，住房和教学楼基本上是空的。经过这样的周折，科大终于找到了一个可以称得上是“家”的地方安顿了下来。

学校搬往合肥时，有几位老师是坐一辆吉普车最后离开安庆的。其中一位把楼道和房间里的所有灯泡都摘下来带着，面向科大临时驻扎过的地方，用力地挥挥手，向“马山党校”告别。到了合肥，楼道和房间没有灯泡，人们纷纷想起向这位老师要。可见当时这位老师的细心，也透视出当时科大的困难。

据656校友楼望和回忆，学校南迁时，因为某干部与广西壮族自治区的领导历史上有些关系，广西欢迎科大去帮助他们发展电子工业，所以无线电电子学系部分师生选择南下广西，而不是去安徽的安庆。他们中的一部分被安排在柳州无线电厂，另一部分同学则到南宁。广西壮族自治区对中国科大师生勤恳工作、吃苦耐劳的精神印象深刻，建议并支持中国科大在广西办一所电子学院，校址任选。于是，系里的干部顾俊廉等人走访了桂林、柳州、南宁等地，所到之处，都能见到"欢迎中国科大师生，感谢中央对地方的支援"的标语。学校方面选定了桂林著名景区七星岩附近的林校(该校已解散)，做电子学校的校址。广西壮族自治区的领导同意了所选的校址。此事传到安徽，遭到安徽省坚决反对，最终只好作罢。1970年4月下旬，安徽方面电令在广西的师生全部到安徽参加运动，并派南京空军的军宣队到广西三市带队。结果，无线电电子学系的师生从北京出发，花了近半年的时间，绕了半个中国，终于来到安徽。

学校搬迁到合肥后，被分成几部分到各地参加劳动。化学系到马鞍山钢铁厂，物理系和无线电系到淮南煤矿和电厂，数学系到铜陵，近代力学系在合肥校本部。近代物理系的学生具有"出身好"的优势，头上没有"辫子"，屁股上没有"尾巴"，天不怕，地不怕，不怎么听话，因此，他们被安置在偏僻的白湖军垦农场。

各地革委会选派了"得力"的工宣队并配置军宣队进驻各系。淮南煤矿的造反派头头李东林被委任校工宣队队长。李东林原是煤矿的四级工，因"造反有功"升为安徽省革委会常委。他手握省革委会的"尚方宝剑"，如钦差大臣奔走于江淮之间，督察各地整训科大的师生，在师生中抓"五一六分子"、"反革命分子"。为了挑动群众斗群众，还提出"谁不办，就办谁”的口号，就是说，如果你不去整别人，就先整你。

元旦后不久，传来了中国科学院要把科大的管辖权全部交给安徽省的消息，引起了大家的担忧和不满。中国科学院代表团乘火车赴合肥准备签署学校下放安徽的协议。近代物理系的28位同学义愤填膺，不顾天寒地冻，连夜乘卡车从白湖农场赶到合肥火车站，准备向科学院代表团请愿并阻止签字。安徽省革委会如临大敌，紧急部署，准备作为反革命事件处理，同时电令科学院来人在水家湖车站下车，由专车接到合肥，草草签署了协议书。这28位同学空候在合肥火车站，不见科学院代表团成员，只能忍饥挨饿返回白湖农场。所谓的“反革命事件”虽然没有发生，但“反搬迁”却成了整科大的又一严重的罪名。在白湖军垦农场里条件十分艰苦，近代物理系的师生们白天劳动，晚上挨整，直至毕业分配。

淮南市面积很大，星罗棋布地散布着许多煤矿，如谢家集矿，李二矿，大通矿，等等。物理系和无线电系的部分师生被分配在几个矿井劳动。后来，校工军宣队在寿县圈了一块荒地，建学校农场，要求科大粮食自给自足。楼望和等人又背着行李离开淮南，步行百里，来到古城寿县一片荒野的农场，支起帐篷，开荒种地。这里原来是一块沼泽地。田里不用说了，即使是刚修的路，也是泥泞不堪。如果下点雨，走路如趟河底一般，又滑又粘，一步一步向前挨，一不小心，一脚踩下去，鞋子陷下去就拔不起来了。电灯是临时架设的，又昏又暗。睡的帐篷又闷又潮，更讨厌的是蚊子成群，防不胜防。大家白天在田里干农活晚上在昏暗的灯光下政治学习，开批斗会。除了学生外，许多教研室的教师也被安置在这农场，如外语教师、马列主义教师、电子学教师等。校工宣队长李东林多次来农场督战。被“专政”的人员，白天劳动，晚上被批斗后写检查。气氛十分紧张恐怖，大家度日如年，得过且过。

在农场劳动了一个多月，伙食差，睡眠缺，烂泥地里跌打滚爬，体力消耗很大。荒地里蚊子成群，一把甩过去，就能捏到几个蚊子。帐篷里又闷又热又潮，痢疾在师生中流行起来。楼望和也得了痢疾，发烧时，浑身热得如热锅里坐，冷得如在冰毯上卧，极其难受。农场里缺医少药，病情不见好转，真是度日如年。好不容易挨到七月中，突然传来好消息：中央计委下文分配这两届大学生。大家赶快收拾行李步行回淮南，生怕夜长梦多。楼望和当时卧床不起，几个同学用担架将他抬上拖拉机，护送回淮南。

中央计委关于两届大学生分配的文件传达后，各班的工宣队员负责给学生作毕业鉴定。首先学生自己写总结，然后班级写鉴定草稿，最后由工宣队员定案。楼望和的班级，工宣队员刘师傅不太"左"，因此全班学生都较顺利地通过鉴定得以毕业。而有的班，对于所谓有问题的学生，在分配上给予某种惩罚。无线电系有一对同班的男女同学，因在"文革"中为刘少奇鸣冤叫屈，被审查多年，男学生被"专政"多年，女学生顶住压力，一直没有同他断绝关系。分配时男学生被派到贵州，而女学生被分到辽宁，成了"牛郎织女"。还有所谓严重问题的学生通不过鉴定不能按时分配，继续留下接受审查。就在大家离开淮南后几天，有一名学生由于不能毕业，被留下继续接受审查，因恐惧而卧轨。

据楼望和回忆，无线电系学生分配大会的当天晚上，在淮南电厂的大礼堂举办了一场盛大的宴会，足足有四五十桌，不仅有丰盛的菜肴，还有烈性的白酒。领导讲话后，大家开怀痛饮。庆贺大家终于毕业了，庆贺大家终于离开这个的地方。桌上还有很多菜肴，酷暑天的西瓜是多么爽口，美酒使大家微醉，但大家的头脑却十分清醒，此地不宜久留。酒席一散，大家即刻收拾行李。在朦胧的月色下，大家用板车把行李拖到淮南火车站，买好第二天的火车票，把行李托运了。大家就这样在中国科大毕业了。

彭子城老师是在“文革”这个特殊的历史时期拿着学校公章到处跑的“有趣人”。由于受到“文革”派性的影响，一般大学的公章都是由两至三人合管的。但在当时的科大，工宣队和军宣队的领导决定只派一位老师管理。由于当时没有像样的办公室，一个人要分管盖章、收发、出证明、送报告等，所以彭老师不能固定地坐着，只能揣着“中国科学技术大学革命委员会”的公章在校园里转。好在当时的校园也不大，人们很容易找到他。而凡是合乎情理的事，都可以随时出证明，加盖公章，所以办事效率极高。

学校在合肥的校园原来是合肥师范学院的旧址。在“文化大革命”中，合肥师院解散了，留下的校园给了中国科大。合肥师院原是个文科学院，只设有文学、历史、音乐、艺术等系科，没有物理、化学等理工专业。所以，它的校园里没有实验室，没有足够的电源、水源、煤气等理工科系所必需的基础设备。校园周围的路被叫做“水泥马路”，一到下雨天，又是水又是泥，周围都是农田和菜地，老百姓在这儿放牛。除了几栋教学楼和学生宿舍外，科大在这里一切都要从头建设。

1971 年 3 月，学校在现在的东区加速器小楼处成立了一个制砖厂。化学楼用的就是老师自己烧制的砖。制砖厂的人员，共 13 名。除了从合肥请来的一名制砖老工人以外，其余人都是从各系抽调来的被专政者，黑八类。其中包括陈希孺（后当选中科院院士）、钱大同（后来成为科大教授）、黄茂光（科大力学系教授）、朱兆祥（力学系教授，宁波大学首任校长）等。若按平均教育水平和知识水平而论，这个制砖厂绝不低于世界上任何现代化的建筑材料工厂。

制砖厂每天早上都要举行一个五分钟的仪式，大家向着毛泽东像肃立、低头，心中默述自己的“罪行”，祈求宽恕。不过没人知道这些教授、讲师当时心里真正想的是什么。这批被专政者当时相互戏称为“老油牛”，因为大家一是老经验了，不怕；二是任何厉害的打击落到头上，都如刀砍到油上一样，无效；三是任何思想改造说教，对他们都如对牛弹琴。

据校史记载，1972年至1976年前后五年的时间里，科大师生用自己的双手建造了九幢职工宿舍楼，先后建设了低速风洞实验室、高速风洞实验室、压气机房、计算机冷冻房、低温液氮车间、机加工厂房、钣金焊接热处理厂房、合成橡胶厂房、硅冶炼厂房、玻璃加工厂房、变电站、危险品仓库、汽车库、化学实验室、力学实验室、普通实验室、加速器实验室、图书馆书库、教研小楼、低温车间、仓库、地震台等基础设施。

“文革”时，很多人在帽子里垫一张纸，使帽子里面一层不容易弄脏。垫的纸脏了，另外换一张干净纸就行了。曾肯成也在自己的帽子里垫了一张纸，还在纸上写了自己的姓名住址，并且写道：如果这顶帽子丢失，请拾者送到某某地址。除此之外，还在纸上写了一副对联：破帽一顶，清风两袖。有一天帽子真的丢了，真的被人拾到了。不过，拾者却没有送还给曾肯成，而是交给当时掌管阶级斗争的领导。帽子里的对联马上就成为阶级斗争的新动向：曾肯成是右派，“破帽一顶”不就是影射的自己头上的“右派帽子”吗？这是对党的不满。于是召开批判会批判这副“反动对联”。

“文革”刚结束不久，社会上流传要为错划的右派平反，不过还没有实施。这时候，曾肯成需要填写一份履历表，上面有一栏是“受过何种奖励与处分”，“右派”当然是他“受过的处分”，应当怎样填写？他写了一首诗在上面：“曾经神矢中光臀，仍是当年赤子心。往事无端难彻悟，几番落笔又哦吟。”裤子还没有穿好就被反右斗争的“神箭”射中了，这就是“神矢中光臀”，这句表面幽默实际上辛酸的诗描述了他当时在没有任何思想准备的情况下被戴上了右派帽子。虽然受到了不公正的待遇，却“仍是当年赤子心”。

李尚志于1978年到1981年在中国科大读研，大部分时候住在合肥，而他导师曾肯成住在北京。有一次，李离开北京回合肥，曾老师说：“史济怀欠我一盆梅花，你催他尽快给我。”原来史济怀当时担任中国科大副校长，外事是他主管的工作之一。有一位日本友人来科大访问，写了一首中文诗赠给科大。史济怀觉得应当回赠这位日本友人一首诗。曾肯成是数学界有名的才子，写诗是拿手好戏，于是史济怀就请曾肯成代写一首诗回赠日本友人。曾肯成欣然命笔，他向史济怀要一盆梅花作为酬劳。史济怀答应了，但一时还没有来得及准备好，所以曾肯成就让李帮他“讨债”。史老师笑着说：“有这回事，知道了。”后来，李再去北京见曾老师，问起梅花的事情。曾老师说，已经收到梅花了。

钱临照在自己的工作室里安放着周恩来总理的画像，时时以周恩来总理为人民终身鞠躬尽瘁的精神与师生们共勉。1976年元月周恩来总理逝世，举国震悼，当钱临照得知“四人帮”压制群众悼念周恩来总理时，乃冲破阻力，不顾个人安危，直奔中国科大师生自发组织的追悼大会，登台发表悼词，追思周恩来总理对知识分子的爱护与关怀，对发展科技教育事业的期望，还以万分崇敬的心情追述周恩来总理毕生公而忘私的美德。言辞恳切，听者动容。

“文革”期间的1969年冬到1970年夏天，04系的老师被下放到白湖农场，这里原来是个劳改农场。住的地方就是原来劳改犯住的茅草土房，窗户没有玻璃，只蒙了一块塑料布。当时在农场接受再教育的还有别的学校的教师，像合肥师范学院，他们编在别的连队。合肥师范学院，简称“合师范”。因为合肥土话里 sh 和 x 不分，“师”和“稀”合肥话差不多，我们就开他们玩笑，叫他们“喝稀饭”。他们也不甘示弱，叫我们“裤子大”(科技大)。

1972年开始，全国高校开始招收工农兵学员。当时，工农兵学员上大学的定位是“上、管、改”，也就是说上大学的目的是管理大学，改造知识分子“臭老九”的。可科大的老师们却根本不吃这一套，认为当老师就是要好好教书，当学生就该好好学习。当时国内许多大学教学主要是通过工厂的产品来带动的，科大有点不一样，叫做“以学为主，兼修其他”。据阮耀钟教授回忆，复旦大学的老师来科大参观，看到工农兵学员在看英文专业参考书，知道科大对工农兵学员的教育抓得很紧，曾奇怪地问：“难道你们不怕工农兵学员造反?”正因为学校对工农兵学员严格要求和认真教育，科大的工农兵学员的培养质量才在全国名列前茅。

“文革”期间，学校虽然身处逆境，但老师们敢于顶着压力从事科研工作。天体物理专业的几位年轻老师就是最好的例子。他们利用晚上业余时间躲在地下室从事天体物理研究，1972年发表了新中国第一篇宇宙学论文，但很快受到批判。因为宇宙学在当时的中国一直被禁止，认为研究宇宙学是唯心主义的。可学校领导却坚定地站在他们一边，鼓励他们继续研究下去。结果天体物理研究小组在1978年的全国科学大会上荣获“先进集体”奖，而这个“先进集体”里后来出了好几位院士。

华罗庚教授曾于1963年、1964年、1967年多次向基层党组织递交入党申请书，由于“左”的干扰，未获批准。直至1979年他已近古稀之年再次申请入党，获得批准。邓颖超同志称他为“老同志，新党员”。

关于华罗庚入党问题，刘达说：“我介绍华罗庚入党，认为他工作很努力，又很有学问，也热爱共产党，这样的同志应该吸收入党。后来正准备发展他时，传来消息说知识分子世界观没有改造，没有改造好不能入党。‘文革’时，我挨了批，华罗庚当时也没能入党。”

刘达说:“我到科大时,发现学校没有自己的教师队伍,教师都是从外单位借来的。一所大学没有自己的师资队伍是不行的,我下决心建立自己的师资队伍,自留学校毕业生,第一期和第三期留下200多优秀学生,这样就逐渐建立起自己的教师队伍。当时因为这事和科学院争议很大,后来达成协议:一、三、五留校,二、四、六到科学院。”

刘达说:“我做的第二件事是建设学校自己的干部队伍,那时系主任和党委书记都是外单位来任,对方不懂业务,让军队上的人管教学怎么行?我们必须有一支懂业务的领导队伍。”“科大从北京到合肥后,我还惦记着教师队伍的建设,查档案,调回三四百人经过两年培训,让他们当老师,当时安徽省很支持。”“1972年2月我获得解放,秋天时任命我当校党委书记,73年回笼了一批学生,招收工农兵学员,补习几个月的基础课,因而工农兵学员毕业时素质很好,这在全国几乎没有。”

在当年全中国媒体热捧科大少年班的那段日子里,科大非少年班的学生也随之沾了少许光。当年的一个同学回忆说,他每年寒暑假坐火车探亲回家和返校,一路共有30多个小时的车程,通常是没有座位的,颇为痛苦。一上火车,就巴不得与占有座位的乘客聊上天,而聊天的主题就尽量往他所在的学校——中国科大上引,这一引,就自然要谈到少年班,接下来当然就是他与宁铂同宿舍了。话只要说到这份上,好运也就来了:通常就会有乘客主动让座;或者,三人座的长椅也会挤出一点空间,让他凑上半个屁股,而他付出的,便是尽量详细地透露出一些少年班同学的“名人轶事”。

当年,科大一位同学的伯父在武汉师院教书,听说侄儿与宁铂同一宿舍,立马来信,要一张侄儿与宁铂的合影照。这位同学只好花5毛钱,专程跑到安徽省博物馆门前(这是当时距离科大最近的外景照相点)的黄山照相馆,与宁铂合了影,把照片给他寄去。岂知,马上又收到伯父的来函，要底片！后来，同学的伯父把这张底片请人放大成为大幅照片，并配以镜框，在很长一段时间里，他都把这张大幅照片悬挂在家中的显眼之处：每每有客人到家来，他都要炫耀一番。大概他周围的亲朋好友，个个都知道了他有一位"争气"的侄子居然与宁铂是同班同学，还同宿舍！

78级少年班学生入学时，"大学语文"上的第一课就是王安石的《伤仲永》。课后，一个同学在另一同学的笔记本上写下"警惕啊！泯然众人矣。"

周逸峰至今还有一个遗憾：诺贝尔物理奖获得者李政道教授1979年来校与少年班学生座谈，由于某种原因周逸峰没有去，同学开完座谈会回来说，李政道教授问："有没有人会背《水浒》中的108将？"周逸峰拍着床腿大叫："我会啊，我11岁就会背108将了！"

1979年，李政道造访少年班，给学生出了一道智力题：

5只猴子要平均分配一堆桃子。

第1只猴子来了，它左等右等，别的猴子都没来，便动手把桃子分成5堆，还剩了1只，它觉得自己辛苦了，就把无法分配的1只桃子吃掉，拿了其中1堆走了；

第2只猴子来了，它不知道刚才发生的情况，又动手把桃子分成5堆，还剩了1只，它觉得自己辛苦了，就把无法分配的1只桃子吃掉，拿了其中1堆走了；

第3只猴子来了，它不知道刚才发生的情况，也动手把桃子分成5堆，还剩了1只，它觉得自己辛苦了，就把无法分配的1只桃子吃掉，拿了其中1堆走了；

以后的2只猴子来了，都是如此办理。

请问：原来至少有多少桃子，最后至少剩多少桃子？

由于一进校门就罩上了“天才少年”的耀眼光环，一些年纪较小却兴趣广泛、能力超强的少年班学生，自然不可避免地成为媒体追逐的对象。早在进校之初，班主任汪惠迪就给学生们打上“预防针”。“预防什么呢？就是预防骄傲。”当时少年班里经常说的一句话就是“把骄傲的尾巴按下去！”

著名的“天使路”，就是大名鼎鼎的科大少年班所在地。从这里走出去的英才不计其数，20 出头风华正茂的年纪便在国际上享有学术盛名的大有人在，少年班学生到底有多“小”，完全可以想象。当你在图书馆自习时，看见身旁貌似初中生的弟弟妹妹正翻弄着令人头痛万分的高等数学，你不禁百感交集，顿感长江后浪推前浪，自己再不刻苦努力就只能死在沙滩上了。

张亚勤 1978 年考入中国科大时年仅 12 岁，是中国最小的大学生。金榜题名之后，他在地图上费尽心思寻找合肥地标，那时的地图用圈标明城市的大小。北京有三个圈；太原有两个圈，而合肥只有一个圈，所以难找。初到科大，学生流行互相询问高考成绩。自以为高考成绩不错的他，知道山西高考第一名是 410 分左右，而他问到的第一位同学来自江苏，考了 420 多分，再问一位来自江西的同学，是 450 分。所以他在写给母亲的第一封信里感叹，“合肥很小，南七更小，科大却很大”。

庄小威读大三时的那个“三・八”妇女节，班上女生在科大门前的餐馆“湘皖饭店”会餐，小威从家里背了托福单词就径直到了“湘皖”。可能还没有从复习中解脱出来，小威吃得很少，有人劝她，“你再吃一两筷子。”小威立即答到：“一两筷子，你这个量词用错了。”大家都笑个不停，说小威准备托福的用心真可和《红楼梦》中的香菱学诗媲美了。

1978 年，科大的一位教师作为中国高能物理代表团访问美国，回校后在大礼堂作报告谈观感，谈到了美国的先进：美国马路十字路口的交通居然都是电子控制的，而路上又没有任何行人，全是小汽车。中国代表团一行人走在美国的马路上，居然不懂如何过马路，因为马路对面的指示灯一直显示红色的“手”。他们等了20多分钟，拦着的红“手”也一直不变，怎么办？代表中国的这一行人，只好找了个空档，猛跑过去。后来，他们才知道，过马路前，要先按一下绑在电线杆子上的电钮。他感慨地说，代表中国的知识精英，到了美国以后，居然像是刘姥姥进了大观园。

改革开放之初，安徽省工业厅的一位厅长访日归来，在科大礼堂给师生作报告，其中有这样一个场景：他从兜里掏出来在访问日本期间购买的一个钥匙圈向师生们展示：“你们知道吗？手电筒可以做在钥匙圈上?”说着，便按了一下，于是，听众看到了一丝从主席台上发出的红光，大家才看了一眼，显然不过瘾，许多同学在台下高呼口号：“再按一下！再按一下！”接下来的场景就是，台上又闪了几下，台下为之爆发出一片片啧啧称奇声，后排的同学为了看清要起立，甚至站到了凳子上。这一切，都是一只纽扣电池加一只发光二极管惹的祸：日本商店里的一个普通钥匙圈，迷倒了中国一所高校的全体师生。

曹继贤教授是70年代09系的唯一的教授，教机械原理。一次，助教王琪民在他家翻英语大词典，无意中发现书中有一张10元的新钞票，对先生说，您的钱！先生高兴极了，他说，这回又有钱了！

王术教授是一位“杂家”，他既能教“机械制图”，又能教“大学语文”。他讲课非常自如，旁征博引，风趣幽默，他的教学方法灵活，曾创建了积木识图法，在当时也是一种创新；他还有业余诗人的头衔，不时在报纸、杂志上发表作品，他还打得一手好板鼓，还是校业余京剧队的鼓师。

杨秀敏院士在校时，对古典文史类的书情有独钟，《红楼梦》看了再看，红学研究的书也看，他也喜欢美术，他画的《金陵十二钗》还参加过学校的美展，同学们曾戏称他为“红学家”。

有人说曾肯成的脑袋不是人的脑袋，太聪明了。他课讲得很好，全神贯注，非常投入。有一次他讲课出汗了，就从口袋里拿出手绢擦汗，学生哄堂大笑，原来他拿出来的是袜子！

日常生活中，童秉纲既不养花、养鸟，也不钓鱼。他的日程安排中没有星期天、节假日，中午也很少休息。随着年龄的增长，教学科研任务的日益繁重，担任近代力学系主任后，繁杂的行政工作又压在他的肩上，童先生渐感体力有点不支，精力不如从前，考虑到自己的年龄因素，他在众多的运动项目中，选择了散步作为自己的健身方式，每天傍晚他都在校园里走上几圈，以调节神经、放松大脑。1986年调到科大研究生院（北京）工作后，他根据北京的气候特点，选择下午四至五点作为他的散步时间，只要不是刮风、下雨、下雪，他总是每天坚持到实验室去拿报纸、散步，从不间断。久而久之，就形成固定的习惯，散步也就成了他的主要爱好和他生活中的一部分。每天下午四点至五点散步，是他作息时间表上的固定项目，与他有接触的人都知道在这个时间无论是打电话，还是亲自上门都不会找到他。起初，他散步只是为了拿报纸和活动活动身体，到后来，散步途中，他可以看报纸，可以与同事、学生谈论国家大事，交流思想，探讨问题，他还可以在散步过程中把一天的工作梳理一遍，归纳总结一下，把第二天的工作作一点简单的筹划布置，散步途中的内涵和目的就大大拓宽了，散步成了他积极工作的另一种方式。

数学系青年教师余某，讲课妙语连珠。有一次快下课的时候，有一帮学生在门外等着上课，挺热闹的，声音挺大。他生气地说：“他们这种行为，就相当于我们在饭馆里吃饭，我们还没吃完，已经有一帮人围着我们的桌子看着，让我们走。”

1980年6月，方毅来校听取同步辐射加速器预制研究情况的汇报，对搞加速器表示坚决的支持，并说：“当了裤子也要把科大加速器搞上去。”

1981年暑假，学校组织了暑期访问小组采访校友。访问小组见到校第一任党委书记郁文时，郁文风趣地说：“你们现在洋多了，过去是赤脚，现在穿高跟鞋了。过去见面有几个戴手表的呀?!”他说，我不主张叫花子主义，不是越破越好，女生穿点花衣服为什么不行？但要知道，人在生活上的追求是无穷尽的，不要拼命装洋，怪里怪气，吃饱穿暖就行了。你们都是搞科学的人，应该整整齐齐，干干净净，五讲四美嘛。

严济慈先生在参加同步辐射实验室奠基典礼之余，还看望了少年班大学生。《中国科大》报的报道中称：“严济慈校长看着少年大学生们笑眯了双眼”，他说：“你们中戴眼镜的百分比很大。我们戴眼镜是由于年纪的关系，我是到三十五岁时才戴眼镜的。你们这么早就戴眼镜，怎么行呢？这可能还是个普遍的现象。这一定要注意，是不是由于电灯不够亮的原因？是不是有人认为戴眼镜是为了时髦?”其体贴入微之情溢于言表。

近代物理系刘万东教授回忆：“1982年，余等读研究生，参与课程辅导。初为人师，努力认真之外，兴奋莫名也。学生者，大致八一级，人皆骄子，个个不凡，吾等不敢稍懈，作业批改尤为小心。某日，忽见一作业，题目之下，无演算，仅留二字，‘好做’，如此数题皆是。余等面面相觑，疑遇高人，迟迟不能复，以为否赞皆不当矣。同学贾君者(贾启卡)，见之不犹豫，提笔即批，亦二字，‘好改’。”

1986年夏，在陕西工作的科大校友有一次聚会，当主持人宣布开会的第一个议程——唱校歌后，只听“嚓”的一声，在场的校友们整齐划一地立正站好，放声高唱：“迎接着永恒的东风，把红旗高举起来，插上科学的高峰！……”更使人深深感动的是：先后20多届不同时期毕业，又是第一次聚会，互不熟悉的学兄、学姐，师弟、师妹们，在不用教唱、无人领唱，没有指挥又无音乐伴奏下，把校歌唱得高亢嘹亮，亲切豪迈，真不亚于在学校各种集会时，全体师生员工高唱校歌的阵势。

1987年4月24日，“学潮”平息之后，校党委副书记刘吉同志在不断收到同学们提出的200多个问题后，举行了一次学生通讯中心、学生社团记者招待会。有学生问：“有的同学在宿舍门上贴对联，上联是：国事党事天下事，事事不问；下联：风声雨声读书声，声声不闻。横批：莫谈政治。你认为这是同学们对反对资产阶级自由化的对抗吗？”刘吉答：“不能这么说。个别同学对有些问题思想不通，写副对联，说两句幽默俏皮话……有人说这是‘表现欲’，我说是一种不正常的情绪。前几天我到同学宿舍去，可能有人看见我来了，一个房间唱起‘冬天里的一把火’，其他宿舍也随着唱起‘熊熊火光照亮了我’。你们智商高，应该知道怎么做对，怎么做不对。”

学生问：“青年们喜欢异想天开好吗？”

答：“不会‘异想天开’要僵化，只会‘异想天开’要退化，‘异想天开’和‘脚踏实地’结合才能进化。”

学生问：“青年人有点野心不好吗？”

答：“野心不可有，雄心不可无。”

学生问：“在日本岚山周总理纪念碑上刻着‘人间万象真理，越来越模糊’。这句话也适用于今天的中国青年吗？”

答：“这是周总理学生时代第二次游岚山所写的一首诗，后面还有两句：‘模糊中偶然见一缕光明，真愈觉娇艳。’现在时代不同了，我们眼前一片光明，应该说越来越清晰。”

学生问:“我有三种追求,在理想上追求崇高境界,在学业上追求第一流水平,在爱情上追求美满幸福,你认为我的观点对吗?”

答:“‘无情未必真豪杰’。共产党人也是有七情六欲的。我衷心祝愿这位同学的三种追求在不久将来都圆满实现。”

前副校长杨承宗教授列席参加了中共中国科学技术大学第六次代表大会,当时他已是80多岁的高龄,他说:“我不是党员,能出席这样的会议感到非常的荣幸。”有人问他是否是民主党派。他笑着说:“我也不是民主党派,我还没有这个水平啊。”

8710的杨凡喜欢和外籍教师交流,而外籍教师学中文的热情很高,他们在学习中文的时候喜欢造句。有一次,一个外籍教师问他中文里“东西”这个词什么意思。杨凡解释说:“东西一般指非生命物体。(It's used to refer to non-living things.)”他听了,很高兴,说:“Oh,it's so.”接着若有所思地造起句子来,一边打着手势,一边一个字一个字地往外蹦:“那么——,我——不是——东西,你——不是——东西,我们——都不是——东西。”

西区的87级同学曾参加十多天的建校劳动,工作地点是学校西区正中心的那个水塘。那是一片淤泥地,油黑的淤泥,散发着让人难以忍受的臭味。可出乎所有人意料之外,这些被称为天之骄子、手无缚鸡之力的书生们,竟然毫不犹豫地踏进了那片淤泥地。滑腻的淤泥沿着球鞋的边沿向两边分开,黑色的泥浆逐渐漫过脚背浸入鞋中。走一步,呱叽一下,弄不好球鞋会被淤泥吸住。没有思想准备的,或是穿着不适宜劳动的,就主动负责运输。两个人,一根竹杠,一个筐或是麻袋,抬起来就走。

那几天,整个西区都迷漫着那种淤泥的味道。同学们回到宿舍便把鞋袜脱在门外,每个门前都有一排粘满了淤泥的鞋子,那真是一道很有趣的风景线。在这种味道中，同学们睡得很香甜。

当每个同学都倾全力投入这场劳动，系与系之间的竞赛达到白热化的关键时刻，负责监工的班主任首先发难了。他们向领导们反映这种工作实在太为难学生们了。于是同学们奉命撤出了池心阵地，来到重新划分的岸边相对干燥的地方。

离开了富有表现力的舞台，同学们的积极性低落了一阵。不久积极性就被另一种竞赛调动起来。由于运输距离短，刚铲进箩筐没走几步就要倾倒，某班便率先采用“空运”的方法。那可不是件轻松的活，是英雄是狗熊，转眼立判。其操作方法是：背对目的地，铲一锹半干不湿的泥土，不多不少，弯腰弓步扭身，突然发力，全力将锹向背后抡去。由于惯性，泥土就会划着美丽的弧线向后面飞去。铁锹翻飞，泥土带着呼啸飞驰，落地铿锵有声，再加上小伙子们憋足气发出的“哎嘿！”声，你会明白什么叫阳刚之美，你会感到一种豪情在迸发！

水塘里有很多东西，有泥鳅、黄鳝、虾子和螃蟹。前两者淤泥里多，后两者岸边多。来到岸边后，腰腹力量不足的就把注意力转到小动物身上。一会是黄鳝，一会是虾子，工地上不时引起骚动。有一位毛头小子，看见一锹出来个长家伙，以为是黄鳝，伸手便捉。哪知那家伙不乐意，奋起抗暴，狠狠咬了他一口。原来是条蛇！后来，大家把这个倒霉蛋送到了医院，医院说是水蛇，没关系，为慎重起见，观察几天。后来有人将那条蛇送给生物系脱脂后制成标本，留给那位同学作纪念了，据说他经常拿出那张蛇皮向大家诉说那“苦难的岁月”。

1988 年 6 月 17 日晚上 10 点 40 分，在学校西区东大门内的空地上，两名歹徒正在用暴力手段侮辱一名女大学生。867 研究生周常羲，听到呼救后，他什么也没想，赶紧去救人，与歹徒奋勇搏斗，在搏斗中被歹徒击中了脸部，眼镜被打碎，眼角受伤。随后赶来的 864 研究生叶竞波、874 研究生林馨思、8512 研究生田清平也投入了战斗。两名歹徒，看到人越来越多，仓皇逃窜。6月19日下午，合肥市人民政府召开新闻发布会，授予周常羲同学“见义勇为好学生”光荣称号，奖励人民币1000元。6月20日，学校召开表彰大会，授予见义勇为的周常羲“优秀研究生特别奖”，奖励人民币500元。

1988年6月16日，数学系党支部大会上，57岁的李翊神教授和他的学生28岁的程艺同一天入党，一时传为佳话。李翊神是全国第七届人大代表，安徽省劳模，数学系德高望重的教授；程艺是科大第一个博士后，年轻有为的数学新人。

在美国南加州大学，80年代就汇集了30多位校友，他们保持“科大人不要命”的学习传统，成绩显著，令来自中国台湾、中国香港、东南亚和中国内地其他高校的学生佩服。他们说，美国有所伯克利，中国有所科技大学。他们每年聚会一次，聚会时，大家唱校歌，讲故事，回忆在科大时的学习生活。

陈春华教授说，在他十年的欧美留学工作期间，发生过多次短暂交谈后就被认出是中国科大毕业生的趣事。就是说，科大培养出的学生都具有某种很可能连自己都不曾意识到的独特的“科大味儿”。这科大味儿不仅仅源于宽广深厚的数理知识功底，更是因为几年时间内与众多优秀学子切磋比试、你追我赶中培养出的精神特质。标新立异、不畏强手、敢为天下先，应该是这种科大味儿的主要内涵。

1989年4月，谷超豪校长接受教代会代表的质询。代表提出校长在校主持工作时间少，经常出差，问校长的工作重点在哪里？谷超豪表示，在校期间，尽量为大家多做事情，外出时也力争对科大有利，他用“唯将长夜终开眼，报答平生未展眉”的诗句表达自己对科大的心意。

聂荣臻元帅92岁寿辰的时候,中国科大向他赠送国画一幅。中间的山水画是由童乃寿所作,两边的对联:“叱咤风云丧敌胆,运筹帷幄上高峰”,是由谷超豪校长撰词,方绍武题写的。

1992年6月17日,学校在水上报告厅祝贺中国科大名誉教授、诺贝尔奖获得者杨振宁70寿辰。杨振宁援引苏东坡的诗句表达自己老而弥坚的人生追求“谁道人生再无少?门前流水尚能西。”他说:“我四次返回故乡,第二次来到科大,今天又以这么宏大的场面为我祝寿,我很感动。让我借用家父题赠的两句诗来答谢并自勉‘没饭不忘亲爱永,有生应感国恩宏。’”

校园里的餐饮广告很多,1992年,有一则餐饮广告新颖别致,给人留下很深刻的印象。

名称:托福餐馆

宗旨:只要你过得比我好

服务:冬天里的一把火

希望:再回首

进入电脑化时代,浩如烟海的汉字如何能够进入只有26个键盘的计算机,被视为举世都难以征服的“癌症”。西方人说“中国文字是现代化的绊脚石。”国内有人断言“不废除汉字,中国就不能进入信息社会。”1992年,“五笔字型”的发明,在古老的汉字与现代电子计算机之间架起了一道畅通无阻的桥梁,从此中国的印刷出版业告别了“铅与火”的时代,进入电脑排版印刷的新时代。62级校友王永民因其发明“五笔字型”被誉为“中国电脑时代的毕昇”。

1962年在河南省南召一中的毕业典礼上,王永民说:“翻开我们学过的物理、化学课本,上面印的都是外国人的头像。我们中国人为什么不能有伟大的发明创造，把头像也印在课本上……”当时，也有一些人称他是“想把自己的脑袋印在课本上狂妄的家伙。”

1984 年 9 月，在联合国总部，操作员每分钟输入 120 字的精彩表演，使那里的官员简直不敢相信自己的眼睛，当即要求传授这项技术。美国的一些报纸和纽约电视台，将“五笔字型”作为一项奇迹进行了报道。

1991 年 1 月 4 日，王永民在人民大会堂宣布：为了让“五笔字型”尽快造福社会，王码电脑公司将最新“王码 5.0 版”汉字操作系统软件，向国内不加密开放。全国人大常委会副委员长严济慈在讲话中说：“作为一个科学家，这种精神难能可贵；作为一家公司，损失数以百万计的金钱，为国家的现代化事业做出贡献，在国内外电脑界也是没有先例的。我们的社会应该提倡这种精神。”

1986 年 9 月，著名数学家杨乐的一对双胞胎女儿杨冰、杨炎以优异成绩双双考入科大。两人兴趣广泛，喜欢各种体育运动，还会拉小提琴，是难得的艺术天才。

1986 年 11 月 24 日，学校召开首届教代会二次会议。代表们高兴地说，在科大，教职工的民主地位和权利是看得见、摸得着的，而绝不是仅供摆设的花瓶。教代会是“群言堂”的一个“堂”，是广开言路的一条“路”，为民主办学注入了新的活力。

代表们建议：郭沫若是科大的创始人，是第一位校长，在学校的创立、建设和发展上功绩卓著。他逝世已多年，学校应尽快建立郭沫若塑像，以志纪念。

教代会限时发言的举措，体现了作为一流大学的特点——时间效率至上。限时，使每个发言者必须删繁就简，长话短说，突出重点。校长发言超过时间，也立即受到“黄牌警告”。此措施使大会效率提高，节奏明快。

教代会开幕式当晚，举办代表招待会的大厅灯火辉煌，花艳争奇，为满足代表们即兴赋诗、填词、留言、题字的雅兴，大会专设了题签处。铺在桌面上的题签本是三米长的雪白的宣纸，各式毛笔和散发着清香的中华墨汁伴着轻快的乐曲声把代表们吸引到桌旁。管惟炎提起“2号狸狼如意”毛笔，毫不犹豫地写下“民主办学”四个大字。龚昇副校长被请到题签桌旁，他幽默地说：“早知要写字，应该叫我夫人来，在家都是她写好，我签名。”他挑了支“小白云”毛笔，伏案认认真真地写下了“开放、改革”四个字。分管教学的辛厚文副校长写下“培养高质量人才，改革教育思想。”分管后勤的蔡有智副校长写下“服务育人”。

1986年12月20日，学校一名炊事员致信《中国科大》报表达心声：报纸上报道，某某大学校长每周到食堂指导工作，某某书记和炊事员交朋友常谈心。我们的校长是科学家，工作忙，我们理解，但我们仍想和校长们讲讲话，谈谈自己的喜怒哀乐。炊事员地位低，每天至少工作10个小时，我们也没有什么希望，只想人们理解我们，在可能的时候给解决点实际困难。人都有个荣誉感和责任心，累得半死，换个理解和尊重，值得。

8313学生魏奇志由中国科大转学去了武汉大学新闻系，在给科大友人写信说道：“尽管我转到武大，是武大人了，但我还是喜欢科大。科大人有特色，每人都有自己的世界，人人都忙碌，谁都不知别人在忙什么，也无需知道，这便是科大人的潇洒，更不用说那天生的自信心和自豪感了。在武汉我遇到几位科大毕业生，个个干得都不错。一位789

的老大哥对我说：‘在所里我经常给他们搞点创新，两千元的费用我用几块钱解决了。不过也有出纰漏的时候，比如我把冰箱给砸了个窟窿。如果是外校人，一定会小心翼翼把冰箱里的冰慢慢清理出来，绝不会用锤子敲。如果将武大一万多学生换成科大人，在这有山有水的美丽校园里，定会来个天翻地覆。所以对科大人来说，只有那小小的科大才是乐土。’”

1992年，胡和生女士当选学部委员，成为中国数学界第一位女学部委员，谷超豪校长得知这一消息后，赋诗一首《贺和生》，表达自己对妻子的赞誉和爱慕。“苦读寒窗夜，挑灯黎明前。几何得真传，物理试新篇。红妆不需理，秀色天然艳。学苑有令名，共赏艳阳天。”

教86级数学课的陈登远老师，每当下第三、第四节课时，都有一个习惯性的动作：将教室里亮着的灯，一个一个地关掉，还不放心地再环顾一遍，然后才走出教室。

中国科大教授骑自行车往来于课堂和实验室之间的多得是，有师兄对刚入学的师弟说：“千万别小觑了那破自行车，搞不好那破车上的人就是个院士呢。”

中国科大40周年校庆期间，30多名来自全校各系的志愿者担任了校史解说员。开馆前他们精心准备，信心十足，但当他们接待了第一批观众就发现自己知道的还是太少。当他们介绍院士照片时，老校友微笑着指出其中的老同学、老朋友或老邻居，并一一列举他们的成果、业绩甚至生活趣事；当志愿者讲解科大的创业史时，老校友指着照片上的人一一叫出名字，回忆起当时的校园学习生活，脸上露出开心的笑颜。渐渐地，他们成了解说员，志愿者听他们讲述起过去的教室和宿舍，回忆华老上的数学课、严老讲的物理课，以及听他们谈到过年时郭沫若老校长给他们每人发压岁钱。58,59 和 60 级老校友尤其骄傲地回忆起学校如何在 6 个月内建成、又如何在几年内跻身重点大学行列。一个又一个故事,将志愿者带回到过去的岁月。

90 年代,学校流行"通宵教室",学生通宵自习被称为"打通宵",因此常有"昨晚'通'到几点几刻"、"某某是科大'第一通'"之说。

9114 肖酷同学羡慕"打通宵"之潇洒,在一次劳动周期间,与同学相约"打通宵"。事前准备了面包、饼干、花生,还带上热水瓶、杯子、茶叶、风油精等物。准备就绪,背上沉甸甸的书包,提上热水瓶,抱上录音机和杯子,不禁相视而笑,这哪是去打通宵,分明更像去郊游。

肖酷等同学来"打通宵",却找不到位子,人太多,只好关照熟人,请他们临走时把位置留下,然后就去外面吹风散步,等到晚上 11 点回来,依然座无虚席,其中不乏女生。一直到 12 点,才有了几个空位。学校学风由此可见一斑。

校风纪念碑是在建校 30 周年之际,由上海校友分会倡议,全国 35 个校友分会的 2000 余名校友捐款兴建的。整个碑身使用一块完整的黑色花岗岩雕刻而成,碑身重 7.5 吨,长 3 米,高 1.5 米,厚 0.32 米。碑的正面朝西,上面刻着郭沫若校长 1959 年 9 月 8 日题写的"勤奋学习,红专并进!"八个镏金大字,由雕刻家马瑞生、李朝进雕刻,成为碑的主题,在阳光的照耀下闪闪发光。碑的左下方是校友总会秘书长姜丹受全体校友的委托题写"中国科学技术大学全体校友敬立",表达全体校友对老校长的怀念之情。碑的背面,一行行镏金仿宋体和五线谱整齐地排列着在科大建校之际由郭老作词、中国音乐家协会吕骥作曲的校歌《永恒的东风》。

1988年，校庆30周年前夕，经国务院批准，在学校竖立已故首任校长郭沫若的全身铜像。铜像基座正面是邓小平同志亲笔题写的“郭沫若像”，背面是严济慈名誉校长的题词：“在校庆三十周年之际，敬立郭沫若像，缅怀以郭沫若校长为首创建的中国科学技术大学之业绩。”铜像由中央美术学院雕塑，上海交通大学浇铸，高约三米，为全身像，郭老双臂合抱，神态安详，气度雍容，目光亲切。

1993年元旦前夕，校长办公室人员在校外办专家楼举行聚餐晚会。校长谷超豪身穿咖啡色的高领毛线衣，外加一件棕色的夹克背心，兴致勃勃，精神矍铄地参加了晚会。在致辞后，谷校长建议大家共同干杯。晚会中间，谷校长还安排了一个小插曲。他委托秘书把他几年来出国、出差收到的纪念品如领带、香水、巧克力等编上号码，又让在座的每人抽一个号码。随后谷校长公布了“中奖”号码，大厅一片欢腾。谷校长亲切地向中奖者颁发了纪念品并一一握手。

2004年7月，孙立广、谢周清、龙楠烨参加了北极科考，孙教授说：“没想到，到北极后第一件事居然是考证——持枪资格证！以前我也摸过枪，但没有实弹射击过，这次一到北极就有人辅导我们打枪。”考证时，孙教授成绩还不错，九发八中，一发飞出了靶外。打中的八枪没有打在靶心，只是打在靶子上而已。女生龙楠烨，因在校期间接受过军训，九发九中。最后，他们仨都拿到了资格证，成了“三个火枪手”。

党委书记郭传杰说，几年前他从北京到学校履职的当天，就从BBS上感到了科大民主校风的可贵。当时，中国科学院院长路甬祥以及中组部、安徽省的负责同志到中国科大宣布新一届领导班子的主要人选。按照国家有关安全保卫规定，必须由警车引路。大会结束后，郭传杰在学校BBS上看到同学们对警车在校园内鸣笛很有意见。后来，学校跟有关部门沟通后达成共识：今后，凡有国家领导人来科大视察时，警车在校园里不再鸣笛。

春暖花开，百花争艳，学校校园的花卉有：茶花、桂花、牡丹、含笑、鹤望兰、广玉兰、白玉兰、海棠、红叶李、紫叶李、碧桃、寿星桃、绣球、斗球、杜鹃、春梅、芍药、山玉兰、黄山木兰、葱兰、迎春、吉香、黄金钟、榆叶梅、樱花、夹竹桃、茉莉、南天竹、麻叶绣球等。

艺术楼旁边有 棵树上有喜鹊垒窝安家、繁衍后代，为爱鸟的师生增添了生活的气息。某年寒假，园工将筑有鹊窝的树丫锯掉，致鸟巢倾覆，七只小喜鹊束手就擒，被园工当成了下酒菜。某教授获悉后怒不可遏，专门到行政楼向校长反映，恰巧校长不在，教授就靠在走廊上认真地等待。后来还化名撰文在校刊上呼吁“救救科大校园中的鸟儿”。

校门口，一路隔着两片眼镜湖，东侧水中有座亭阁，书画大师费新我取意朱熹诗“半亩方塘一鉴开”为其题名“一鉴亭”。

“孺子牛”雕塑坐落在东区校史馆西侧。一池田田的荷叶，几支含苞待放亭亭玉立的荷花，一座白色的水泥雕塑就坐落在荷池中央，两只可爱的小牛使着全身力气，伸开四肢，一前一后地用牛角顶着地球。雕塑的寓意是“扭转乾坤”。在背面写着“七八级同学献”。

78级学生在学校学习生活了五年之后，在即将离开母校的时候，他们自发募捐筹资，有的同学甚至勤工俭学来贡献一份力量，以此为母校留作纪念。据介绍，当时备选的作品有四件，也许是初生牛犊不怕虎吧，当时的科大人有种天不怕、地不怕的气魄和勇气，也代表了科大学子不畏艰难、勇于钻研的拼搏精神，所以就选择了这一件“孺子牛”，而且巧合的是这一届属牛的居多。

在中国科大西区中心的广场上，有一座严济慈的雕像。这座塑像四周是教学楼，严老面朝图书馆，戴着一副眼镜，面带微笑地端坐着，和蔼可亲而可敬。整座雕像是铜铸，呈黑色，庄重而沉稳。底基是由红褐色大理石做成，正面刻着“严济慈像”四个大字，右下方注明了“卢嘉锡敬题”。此像在学校建校40周年之际(1998年)，由校友捐建。

科技之花的雕塑整体是一支含苞待放的花朵，由不锈钢制成，3米多高，是一件现代化的抽象作品。它的设计者是科大98届学生张燕翔。当时正值校庆40周年，学生会发起征集活动，张燕翔的设计方案脱颖而出。据张燕翔介绍，设计的花朵实际上是一个莫比斯环(数学名词)，花瓣类似于航天飞机的发射轨迹，所以取名为“科技之花”。整个雕塑线条简约而又生动，体现出科大鲜明的科技创新的特色。

2003年9月18日，由师生员工和校友捐赠的“思源”碑在校园揭幕。纪念碑主体造型为一块“1”型天然灵璧石，底座为正五边形，并坐落在正八边形的平台上，纪念碑正面碑文为：“一九九八年金秋，值中国科学技术大学四十华诞，海内外校友纷纷捐资庆贺。顾念往昔：前贤后进，筚路蓝缕，理实交融，创新立校；莘莘学子，勤奋学习，红专并进，励志报国。日居月诸，今又五度春秋，喜获灵璧虬石，得本校同仁勉力襄助，建立此碑。易象一九，形取五八。玉版金镂，昭学子拳拳之心；励德树声，启后世衮衮之源。”

每年夏秋之交，总有数万只燕雀在学校东区落脚，集体安营扎寨在图书馆前方一片高大的梧桐树树冠之上，唧唧喳喳的，为安静的校园带来了一丝喧闹。人们在树下穿过，每每有被从空中落下的鸟屎“炸弹”击中的危险，这段路也因此被美其名曰“天使(屎)路”和“勤奋(禽粪)路”。

2010年夏季，2006级少年班学子们就要毕业了。为了加强毕业后的同窗联系，他们专门制订了一份“06少年班学院全球蹭饭指南（不完全版）”。这份指南是通过谷歌地图软件来制订的。编制者将每个毕业生毕业后的去向设置在地图上，这样就知道各位同学所在的城市，如果有人到了同学的城市，就可以去找同学“蹭饭吃”。

2010年9月16日，杨承宗先生迎来百岁寿辰，他的学生们在北京为其举办了庆典。有趣的是，杨老一家居然有八口都是“科大人”：包括杨老本人、二女儿及其女儿女婿、三女儿夫妇及其女儿女婿，他们可以算是“科大家庭”了。

52秒钟记住打乱后的52张扑克牌、一个小时内同时记住10副乱牌、一个小时内记住近1000多个毫无规律的数字……在2012年月12月的广州“世界脑力锦标赛”上，中国科学技术大学管理学院研一新生刘明旺以三项令人惊叹的成绩获得“世界记忆大师”称号。

2011年4月9日下午，中共中央政治局常委、中央书记处书记、国家副主席习近平来中国科大视察，在西区图书馆与自习同学亲切交谈。于是，“你跟习副主席握手了吗？”便成了此后几天同学们见面打招呼的“口头禅”。

工程学院的朱烨同学“追悔莫及”，他头一天就听说4月9日习近平会来科大视察，因为觉得“不可能”，而错失了和习近平近距离接触的机会。“下午6点经过图书馆的时候发现那里人山人海，一问才知道还真是习副主席要来，于是在极端矛盾的心情下在门口等到下午6点08分，最终为了去和师兄讨论机器人比赛事宜还是离开了图书馆。”朱烨说，后来听别人说习近平是下午6点10分到达图书馆的，只能感叹自己“太心急”。

2011年7月5日上午，中共中央政治局常委、国务院副总理李克强冒着高温酷暑来中国科大视察科技创新情况。得知李克强来校的消息后，许多同学汇集在郭沫若广场。当李克强向郭沫若广场走来时，广场上爆发出热烈的掌声和欢呼声。李克强与同学们一一握手，并频频挥手向大家问好。一名同学送上一枚科大校徽，李克强欣然接受，戴上了校徽，与部分同学合影留念。他还风趣地微笑着说："戴上校徽我也是科大人了，我们都以科大为荣。"

每年4月上旬，在东校区的北大门内，一教前的路上，两旁几十株粉红色樱花竞相开放，科大人称之为"樱花大道"，其中更有一株罕见的绿色"郁金樱"，据权威人士说，绿色樱花在合肥市仅此一株。近年来，在合肥，中国科大的"樱花大道"已然家喻户晓，成为合肥最美的赏花地之一。

2012年5月，物理学院大四女生王恬子成功闯入第62届世界小姐中国上海赛区总决赛。这位完美诠释了"智慧与美貌并存的"的女生，成为中国科大学生心目中的"玉女派新掌门"人。参加世界小姐比赛，在中国科大50多年校史上，王恬子还是第一位。

中国科大2012"美丽邂逅·一眼万年"活动于11月11日"光棍节"举行。当晚，在科大西区活动中心，来自中国科大、合工大、安大、安医大等省城8所高校的近5000名大学生参加了交友会。"美丽邂逅"联谊会诞生于2003年，由中国科大团委主办，其他7校协办，在安徽省甚至华东地区都有一定的知名度，被网友们誉为"全国最大规模的大学生'光棍节'交友会"。

2012年"光棍节"前夕，一场别开生面的名为"好想告诉你"情书大赛在科大校园内如火如荼地进行。自10月底开始征集后，情书大赛可谓一呼百应，很多院系都是本科生、硕博士生齐上阵，还有少年班学院的学生参加。截至“光棍节”前一天，主办方共收到各类情书近150封。理工元素在很多情书里都有近乎完美的体现，如：“我害怕，我会永远是那孤独的根号三。三本身是一个多么美妙的数字，我的这个三，为何躲在那难看的根号下。我多么希望自己是一个九，因为九只需要一点点小小的运算，便可摆脱这残酷的厄运。”

丁泽军是物理学院教授、博士生导师，教授本科生“计算物理”已经12年了。2013年的寒假期末考试前，他的几页考试说明幻灯片被学生传上网络，一时间引来无数网友的赞叹，这门课也被称作“神课”。

丁泽军的“计算物理”课的考前说明是，“考试范围：所有讲课内容；考题形式：任意可能；考题：可能无标准解、唯一解，甚至无解；考试时要对题目有所筛选，因为不可能全部做完；学生还可以自荐考题获得加分……”。因为“计算物理”期末考试的高难度，丁泽军也被学生戏称为“杀手”。

2013年4月23日世界读书日刚过，一则有关国内高校图书馆借阅排行榜的帖子显示，因为习题集和科技类书籍借阅量“雄踞”榜单，科大学子再度被冠以“学霸”的称谓。在科大图书馆公布的2012全年借阅排行前20名中，排名第一的《电磁学千题解》一书借阅次数达到了775次，比其他高校多本书累积的次数还多。

后　记

历史是由一个个瞬间组成的，生动是历史的本来面目，只不过这些生动的细节容易随时间的流逝而变得越来越粗砺，越来越模糊——即便是不算漫长的半个世纪。

2008 年 9 月 20 日，中国科大建校满五十年。为了搜寻校史上的一个个生动的瞬间，我们几位同事一起翻阅校报，从字里行间摘录出一句话、一件事、一个情节、一个细节，然后又从老校友的一些回忆性文章中加以补充，分门别类，形成了现在的这个小册子。为了保持文献内容的原始性，对发表在不同报刊上的文章，收入本书时，一般不作格式、体例和用字的统一，仅对排印误植作必要的订正。

因为回忆很可能有偏差，这本小册子里收录的一些故事、情节，我们无法一一考证，或许存在着不够准确的地方。对此，我们感到十分抱歉。

蒋家平、朱巧玲、洪孟良、杨晓萍四人参与了本书摘编工作。2013 年，本书再版时，朱巧玲负责对内容进行了增删。

编　者

2013 年 7 月